Testimonium

El Neuma de Dios

Eliú Colón Berríos

ISBN: 9798838445773

Dedicatoria

Dedico este libro al Padre, al Hijo y al Espíritu Santo de Dios, por haberme permitido tener tan extraordinarias experiencias y sobre todo el que también me permite el privilegio de poder escribirlas para así contarlas al mundo entero. No como un culto a nuestra persona o rendir complacencia a nuestro ego sino como un agradecimiento profundo a nuestro Padre Celestial por inclinar a mí su oído y darme tan inmerecido honor.

Tengo que agradecer a mi amada esposa Brenda Jannette Santiago Marrero quien siempre me motivó a que hiciera este compendio de experiencias sobrenaturales que le ocurren a un hombre ordinario, como yo, que Él, nuestro Señor, le permita ver cosas extraordinarias que son sólo un apéndice del poder de lo inmenso del poder de Dios. Agradezco a esa mujer que me motiva e inspira a escribir para dejar estos testimonios escritos en un papel o en un archivo electrónico. Esperando que pueda servir a futuras generaciones, mis hijos y nietos, los cuales espero puedan leer y compartir como un testimonio de que Dios siempre está presente en nuestras vidas y nunca nos abandona.

También quiero agradecer a la Iglesia Cristiana Discípulos de Cristo de Buena Vista en Bayamón, Puerto Rico, en donde tuve muchas de estas experiencias y testimonios, y a mi pastor en ese entonces el Rvdo. Miguel A. Morales Castro quien fue, ha sido y es una inspiración para mí, durante esos 20 años de su pastoral en Iglesia de Buena Vista. No se me puede quedar también mi más profundo agradecimiento a los cientos de hermanos de esta congregación que me han mostrado siempre su cariño, respeto y respaldo en mi quehacer dentro de la congregación.

Introducción

He escuchado en varias ocasiones un dicho de que el cementerio es el lugar más valioso que existe en el planeta. Las razones para ello es que en el mismo se encuentran los restos de muchas vidas que dejaron este mundo y se llevaron consigo un caudal de riqueza que nunca compartieron con los demás seres humanos. Como son las Bellas Artes, la filosofía, la Ciencia, Inventos, en la Literatura obras de nunca fueron publicadas, canciones, poemas, pensamientos, ideas y en mi caso personas que tuvieron grandes experiencias con el Señor y no fueron compartidas.

La Biblia dice en Juan capítulo 21:25: "Y hay también otras muchas cosas que hizo Jesús, las cuales, si se escribieran una por una, pienso que ni aún en el mundo cabrían los libros que se habrían de escribir". Puedo entender que eran demasiadas experiencias como para poderlas narrar todas. Sin embargo, en lo personal, hubiese deseado saber de esas experiencias no relatadas pues ahora las podríamos saborear mientras que ahora sólo será posible cuando lleguemos al cielo. Por lo que vemos, esto ha ocurrido siempre. Pues alguien tiene que tomarse el tiempo y escribir esa experiencia de lo contrario las futuras generaciones pierden la oportunidad de apreciarla y disfrutarla y sacar provecho de ella.

Es lo que precisamente no quisiera que pasara con estos testimonios que deseo relatarles y dejar para la posteridad. Son experiencias que tienen gran valor para mí pues son personales y ahora son tuyas con el Señor. Experiencias que te podrán ayudar cuando te encuentres dando una reflexión, una predicación, o un estudio de escuela dominical. Quiero decirte que mientras escribía algunas de ellas lloré, en otras reí, en otras reflexioné, vi la mano de Dios y sus misterios, en otras me sentía motivado e inspirado, como dirían los jóvenes "pompeaos", pero en todas sentí al Señor y eso es lo que deseo que tu experimentes. Que sientas la realidad de Dios porque Él es real no te quepa la menor duda. Se manifiesta y el desea que lo conozcas de tú a Tú.

Ellas nacen en distintos escenarios, a veces a pie, otras dentro de un auto en medio de una congestión vehicular, en un asiento en la iglesia, en un campo de práctica militar, en un adiestramiento militar básico (Basic trainning, U.S. Army), en una clase bíblica dominical, orando en el cuarto por un hijo, orando en mi cuarto de guerra (walk in closet) por finanzas, por empleo, por un amigo que su esposa no podía quedar embarazada y había tenido varios abortos y luego tuvo una preciosa niña, en medio de un estacionamiento con un compañero de trabajo, en medio de una visión de un lugar al cual nunca he ido y he estado y veo el lugar, personas a las que el Señor me envió a llamar, visiones con rostros de hermanos. Experiencias en la adolescencia que me marcaron y cambiaron mi destino, peticiones de dones y habilidades contestadas. En fin, no quiero que se me quede ningún testimonio, pues lo importante aquí es que Dios se lleve toda la gloria por esto, que una vida sea tocada y que tu fe sea aumentada. Mi mayor deseo aún es que tengas tus propias experiencias con el Señor y que luego las puedas compartir como yo lo estoy haciendo en este libro.

Índice

Epígrafe

"Vete a tu casa, a los tuyos, y cuéntales
cuán grandes cosas el Señor ha hecho
contigo, y cómo ha tenido misericordia de
ti". Marcos 5:19

Capítulo I

Mi niñez y adolescencia

Comenzaré que me levanté en un hogar cristiano dentro de una familia numerosa. Éramos 9 hijos, 2 varones y 7 mujeres. Yo ocupaba el octavo lugar. Desde pequeño mostré inclinaciones a la música y me pasaba disque componiendo rancheras y mi caballo era la escoba de mi mamá. Me imagino que era la influencia del cine mejicano y las películas de vaqueros de la época. Recuerdo que siempre veía trabajando a mi mamá en los quehaceres del hogar. Pero lo más que me impresionaba de ella era verla cantando y adorando al Señor en medio de sus arduas tareas diarias. Podía observar como en medio de una alabanza ella entraba en una profunda adoración y comenzaba a hablar en otras lenguas del Espíritu y lloraba en medio de esa Presencia.

Era algo espectacular pues era algo tan genuino y que salía de su corazón que casi se podía tocar.

Toda la familia le servía al Señor y era muy común recibir visitas de pastores, hermanos de la iglesia en mi hogar como gran cantidad de cultos. Pero eso fue cambiando y pude ver como mis hermanos se fueron apartando de los caminos del Señor a medida que crecían y cambiaban sus intereses.

Recuerdo una noche que fui a una Iglesia en el barrio que apenas comenzaba. Esta iglesia era una muy humilde. Era de madera y de zinc y no tenía ni siquiera un músico. Tenía13 años de edad en aquel momento y recuerdo que salí con una inquietud de aquella humilde iglesia porque no contaba con un músico. Así que camino a mi casa me detuve en un cruce y miré al cielo, recuerdo que esa noche había un cielo espectacular y llenito de estrellas. Le pedí a Dios que me diera el don de tocar algún instrumento musical para convertirme en músico de esa iglesia. No sabía que esa noche estaba pactando con el Señor pues le dije: "Señor si me permites ser músico te prometo que te dedicaremos a ti por el resto de mi vida este talento".

Luego de esa oración seguí camino a mi casa. Más tarde llegó a mi casa un joven músico que se enamoró de una de mis hermanas y trajo una guitarra acústica para enseñarle a tocar. Resultó que esa guitarra era para mí, para que yo aprendiera a tocarla. Así que luego de un año de esa petición ya estaba tocando la guitarra. A los quince (15) años le pedí al Señor que me permitiera componer himnos y Él me contestó de manera afirmativa y de ahí en adelante seguí escribiendo hasta el presente. A los 18 años de edad me hicieron maestro de Escuela Dominical y también comencé los estudios universitarios. Recuerdo que en esa época me compré un teclado, sin saber cómo tocarlo, pero creí en fe que podría lograrlo con la asistencia Divina y mi empeño de forma autodidáctica. Por lo que compré un libro con el cual aprendí a tocar el teclado. Seguí incursionando en otros instrumentos de cuerda como el bajo eléctrico y uno tras otro Dios me permitía ir aprendiendo a tocarlos. Esto, por su gracia, según le pedimos al Señor. Décadas más tarde aprendí a tocar el cuatro puertorriqueño por vía del Internet.

Capítulo II

¡Joven! " Sí tú mismo… pasa al frente "

Recuerdo una noche muy especial en que tendría aproximadamente unos 19 años de edad, siendo ya un estudiante universitario. Esa noche no tenía culto en mi iglesia y sentía un deseo muy profundo de asistir a un templo. Así que me vestí y como no tenía auto en esos momentos decidí visitar una iglesia cercana a la cual pudiera ir a pie. Era una noche en la que había llovido.

Cuando estoy entrando a la pequeña iglesia, recuerdo que estaba limpiándome los zapatos en la pequeña alfombra de la entrada, pude observar a hombre ministrando a otros hermanos en el púlpito. Andaba con mi hermana mayor. Este ministro, que nunca había visto en mi vida, me llamó desde que entré y me dijo: "usted, sí, usted joven que acaba de entrar. "Pase acá por favor", en ese instante me sorprendí y me pregunté, ¿qué vendrá luego de este llamado con tanta autoridad? De inmediato pasé al altar y este hombre comenzó a profetizarme y a decirme lo que a mí me preocupaba en ese momento, las dudas que tenía sobre mi futuro académico y me decía, "!Joven! el Señor me dice que te preocupan los estudios,"! qué grande es Dios!. Hacía apenas un año que mi mamá había partido con el Señor y yo no sabía si podría continuar y/o terminar mis estudios universitarios pues luego de esa partida mi entorno había tomado un giro totalmente inesperado y distinto, por lo que yo no sabía si en realidad iba a poder terminar la universidad. Es entonces cuando ese ministro me dice: "el Señor te dice, terminarás los estudios, pero lo más importante para Dios es que serás evangelista y pastor", ese hermano continuó diciendo y describiendo mi perfil psicológico de una manera impresionante como sólo lo sabe hacer el Espíritu Santo a través de uno de sus siervos.

Cuando salimos de ese culto, mi hermana y yo, esta me indicó que quedó impactada de todo lo que me dijo el Señor a través de aquel hermano y siervo del Señor. Recuerdo que me dijo: "Eliú qué bonito te habló el Señor" a lo que le respondí, en mi ignorancia, "sí, muy lindo, pero…cualquier cosa menos pastor". Desde esa experiencia no importaba a donde presentara mi rostro, se repetía, esa profecía una y otra vez. Escuchaba frases como: ¡Oye! ¿No te han dicho que tienes cara de pastor?... me lo decía el maestro de escuela dominical, cuando era ministrado en otras iglesias e incluso en una ocasión una pastora me preguntó que si quería ella me podía recomendar para el ministerio y prepararme para ser pastor. A lo que le contesté, sin pensarlo dos veces, no gracias pastora, por ahora no, más tarde.

Capítulo III

Experiencias con Jesús en el US ARMY

Para diciembre de 1986 entré a las Fuerzas Armadas y me enviaron a Fort Dix, New Jersey. Para ese entonces tenía tres años de estudios universitarios y como mi mamá había partido con el Señor y me encontraba sólo; comencé a conocer a una joven guapa en la iglesia a la ambos asistíamos. Nos enamoramos y decidimos casarnos. Fue por ello que decidí entrar al Ejército de los Estados Unidos de América. Recuerdo que enfrenté momentos muy difíciles. Hubo varias razones que me hicieron difícil mi tiempo allí una de ellas fue mi baja estatura y la otra las barreras del idioma.

Me di cuenta de que por cada paso que daba un soldado de alta estatura, yo tenía que dar dos o tres para poder compensar cada uno de los que estos muchachos daban. En lo que concernía al idioma escrito no tenía problemas para entender lo que leía, pero sí para entender los distintos acentos y "slangs" frases idiomáticas en inglés de cada sector social en Estados Unidos, por lo que era en lo conversacional que tenía dificultad para o hablarlo con fluidez y entenderlo. Pero poco a poco fui superando esas barreras. Hasta que lo superé.

Déjame ungirte tus pies

En Basic Training el Señor me permitió tener unas experiencias espirituales que me sorprendieron. Una noche luego de las grandes caminatas recuerdo que se me inflamaron los tendones de mis pies a tal grado que no podía casi caminar. Pensé que quizás no podría pasar el adiestramiento militar. Tenía a un compañero de raza negra que estaba allí conmigo y compartíamos el mismo cuarto con varios

21

soldados adicionales. Este soldado de color que les menciono se encontraba allí para convertirse en Asistente de Capellán, pero pienso que además de eso, Dios en su misericordia, lo puso allí también para que ayudara y viera que Él tiene gente en todo lugar. Se llamaba Tom Hopkins, Dios lo bendiga en dondequiera que se encuentre. Una noche me dijo: "Colón ven conmigo al baño quiero orar por tus pies y como no tengo aceite usaré el agua del baño". Este muchacho se puso de rodillas, tomó agua de la pluma y me roció mis pies y comenzó a orar por mí, estaba orando en inglés, pero de momento comencé a escuchar que este estaba orando en otras lenguas, fue una experiencia inolvidable pues sentí que Dios estaba conmigo en aquel lugar y que no se había olvidado de mí. Este ángel también, en una ocasión, me cargó en sus hombros sacándome del edificio escalera abajo a media noche y nevando, cuando las alarmas de incendios fueron activadas por el humo de alguien que estuvo fumando.

Colisión en la autopista de Alemania

Luego que salí del adiestramiento militar básico y el adiestramiento individual o como se conoce en inglés, A.I.T. Advanced Individual Trainning, fui enviado a una base en Alemania; cuando llegué a allí tuvimos varios accidentes en los cuales pude ver la mano de protección del Señor.

Uno de ellos fue el segundo día luego de llegar a Alemania en donde el autobús que nos llevaba a la ciudad de Nuremberg se estrelló contra otro vehículo y terminé en el hospital militar de dicha ciudad con 17 puntos de sutura en mi cara. Pudo haber sido peor. En especial en una autopista en donde no hay límite de velocidad y pudimos haber tenido una colisión simultánea de muchos vehículos a altas velocidades. Sin duda Dios nos cuidó de algo mucho peor.

Nos volcamos

Tuvimos luego un segundo accidente. Este fue mientras iba en un camión a media noche en una densa oscuridad en los campos de Alemania, en un lugar conocido como "Graffenvier", que es una instalación militar de EU en Alemania la cual se utiliza para las prácticas militares con municiones y con balas vivas. Puedo recordar que me encontraba dentro de un camión de 2 ½ toneladas con otro soldado mejicano. En ese campo de adiestramiento militar, como regla obligatoria en los ejercicios militares no se podía encender ningún tipo de luces. Esto para evitar que el enemigo en un escenario real de guerra no te pueda ver. Un teniente comenzó a dirigir al chofer del camión en que yo viajaba esa noche.

Así que con una pequeña linterna de luces rojas nos hacía señales de por donde debíamos conducirnos en dicho camino. El chofer del camión no se percató de que el camión iba deslizándose hacia una cuneta profunda en el lateral derecho del camino. De repente el camión comenzó a volcarse a la cuneta que se encontraba en mi lado, lado derecho, que era en el lado del asiento en donde yo me encontraba sentado dentro del camión. Cuando ya se veía que era inevitable que nos íbamos a volcar, este me agarró y me gritó y evitó que cayera fuera del camión y haber quedado aplastado por el camión en el que viajamos. Demás está decir que el camión quedó totalmente destrozado y hecho pedazos y más con todo el peso del inventario de piezas que teníamos dentro de ese camión. El inventario quedó regado por toda el área.

¿De dónde viene esa luz?

En otra ocasión estaba dentro del camión de piezas, pero en otro ejercicio militar en Graffenvier. Esto fue como a eso de las 9:00pm cuando de repente se iluminó el área y quedó como de día. Como si alguien hubiese encendido unas potentes luces potentes dentro de un Estadio de Fútbol americano. Cuando traté de salir del camión no me lo permitieron y me indicaron que me tenía que quedar allí. Al día siguiente me enteré de que como a 50 pies de donde yo me encontraba había ocurrido un terrible accidente en donde varios compañeros soldados habían sufrido quemaduras graves en brazos y piernas con rotura de huesos, quemaduras en la cara y otros con perdida de la visión.

Dentro de las causas estaba el hecho de un mal manejo de la situación. Con un factor muy común que era la fatiga de los soldados y el peor que fue el orgullo del Oficial a cargo que permitió que ocurriera este terrible accidente, que pudo haber sido evitado. Específicamente cuando pudo haberse evitado que invirtieran el orden al colocar la pólvora y el proyectil de un cañón que arrojaba una bala a unas 15 millas de distancia. De haberse manejado de la manera apropiada pudo haberse evitado ya que existía personal especializado para manejar este tipo de situación.

El Oficial en ese momento por su orgullo y porque no se supiera que se había cometido ese error ordenó a aquellos hombres que sacaran la pólvora y la bala que pesaba unas 250 libras. Así que comenzaron a golpear dicha bala lo que produjo que se activara la pólvora y esto a su vez hizo que la bala saliera por la culata del cañón. Si esta bala hubiese girado lo suficiente como para activarse esta hubiese explotado y todos los que estábamos en los alrededores hubiéramos muerto esa noche.

Es aquí donde vero la protección de Dios porque como les había indicado yo me encontraba como a unos 50 pies de esta máquina o cañón de artillería, tipo tanque de guerra con ruedas de cadena. Podemos concluir que Dios una vez más me protegió de morir allí.

Capítulo IV

Experiencias de Provisión Empleos a mi regreso del Ejército

¿Tú estás trabajando?

Cuando regresé del Ejército estaba desempleado y un día estando cerca de una escuela escuché el sonido de instrumentos musicales de viento y me acerqué. Era un maestro de música con sus estudiantes. Cuando terminó la clase me acerqué y comenzamos una conversación. Este tenía que ir al Departamento de Educación y me preguntó que si lo no tenía algún compromiso en ese momento y lo podía acompañar. Le dije que no había problema. Así que nos fuimos y subimos al ultimo piso de ese edificio que era muy alto. Allí entramos al Departamento de Música al nivel central. Llegamos luego a una Oficina en donde un caballero que allí se encontraba se me quedó observando y me pregunta: "oye! ¿tú estás trabajando? a lo que le contesté que no. Entonces me hace otra pregunta: ¿sabes tocar algún instrumento musical? A lo que le indiqué que sí. Entonces se levantó de su asiento y me dice: "déjame hacer una llamada". Así que fue a hacer dicha llamada y unos minutos más tarde regresa y me dice: "tienes trabajo" acabo de llamar a unas Regiones Educativas del país y cumples con los requisitos mínimos para dar clase en un nuevo proyecto musical que integra la educación con la música a nivel de Educación Elemental, bienvenido a las aulas maestro. Yo sencillamente me quedé en "shock", estupefacto pues yo no conocía a aquel caballero que con sólo mirarme identificó mi necesidad y me dio un trabajo. Luego me enteré de que era un candidato a pastor que estaba por renunciar para irse a ejercer como pastor. Esto ocurrió para el año 1988. Puede ver que Dios tiene siervos de El en todos los lugares. Dios hizo provisión, definitivamente.

¿Es usted Eliú Colón?

Luego para el 1995 tuve otra experiencia increíble de provisión cuando habiendo renunciado a un empleo sin contar con otro en ese momento. Ya aquí teníamos a nuestro primer hijo Cristian. Que para ese entonces tenía unos 3 añitos. Luego de renunciar comencé a enviar resumes a distintas Empresas, pero sin ningún resultado. Así que comencé a llenarme de ansiedad y preocupación. Recuerdo que un día en la mañana vi a mi esposa irse con el niño al hombro para llevarlo al cuido y ella a trabajar y yo allí en la casa sin aportar nada. Me sentí tan mal que me fui a la sala de mi casa y comencé a suplicar y llorar ante el Señor para que me ayudara. Estuve todo el día allí postrado orando con deprecación y súplica a Dios.

Nada, llegó la tarde de ese miércoles en la noche y cuando salíamos para el culto, en la Iglesia Cristiana Discípulos de Cristo del Bo. Buena Visa en Bayamón, recuerdo que cerrando la puerta y eran cerca de las 7:00pm de la noche, ya para irnos, de repente, sonó el teléfono. Así que entré nuevamente a la casa y cuando contesto me preguntan del otro lado: ¿"es usted es Eliú Colón"? le contesté que sí. Entonces me dice: "Yo soy el Vicepresidente del Departamento de Finanzas de esta Corporación y tengo en mis manos su resume y quisiera entrevistarlo mañana para dos vacantes, a lo que de inmediato le pregunto ¿y de dónde usted me está llamando? ¿de qué empresa? Me dijo el nombre de la Empresa y entonces le indico que yo no había enviado ningún resume a su empresa. Este me indica que eso era correcto y que ese resume le llegó de una empresa de Contadores Públicos Autorizados y que ellos, de su banco de resumes, escogieron el mío y se lo hicieron llegar a través del fax a su oficina.

A lo que volvió a insistirme, de manera urgente, me quería verme para entrevistarme. Esto fue impactante para mí pues ya que no tengo explicación racional para explicarlo. Sí puedo afirmar que yo estuve orando todo el día con deprecación y súplica en la sala de mi hogar y que Dios escuchó mi clamor y me contestó. Jamás pude pensar que me contestaría de este modo, tan rápido, pero Dios es así, a Él sea toda la gloria. Al otro día estaba empleado.

"Aquí no tenemos plazas vacantes en este momento"

Siguiendo con esta línea de testimonios les relato que mi actual empleo fue otro milagro. Había recibido comentarios de que existían unas plazas en una corporación pública X así que preparé mi resume y me fui a solicitar dichas plazas. Sin embargo, cuando llegué al lugar resulta que ese no era el lugar que era otro. De hecho, cuando fui a solicitar no existían plazas vacantes, de ninguna clase, pero de todos modos les dejé mi resume y me marché; para mí ahí había quedado todo. En esos meses mi esposa estaba por dar a luz a mi hijo Yamil, de hecho, nació el 20 de marzo de 2000. En ese mes de marzo del año 2000 el día 20 cayó lunes. Sorpresivamente recibo una llamada de la Oficial del Departamento de Recursos el Humanos de esa Corporación que me había indicado que no tenían plazas vacantes. Esto fue el viernes 17 marzo de 2000; la llamada fue para indicarme que me estaban citando para una entrevista de empleo el lunes 20 de marzo de ese año, con la dificultad de que este día ya estaba para el alumbramiento de mi hijo Yamil. Por lo que le indiqué a esta Oficial de Recursos Humanos que tenía ese día ya comprometido para el alumbramiento de mi segundo hijo. Esto para ver si me hacía una concesión y así me permitía ir otro día. Esta me indicó que si no podía ir pues perdería la oportunidad de la entrevista. En ese momento mi esposa me dijo: "dile que vas a ir".

En mi corazón no estaba ni siquiera la consideración de dejar a mi esposa sola en el hospital y menos cuando daría a luz a nuestro hijo. Bueno, llegó el lunes 20 de marzo de 2000 y mi esposa insistía en que me fuera vestido como para una entrevista y así lo hicimos. La entrevista de empleo estaba pautada para la 1:00pm del mismo día que mi esposa estaba pautada para dar a luz mi hijo. Temprano en la mañana de ese mismo día mi esposa entró a sala de operaciones para proceder con el parto. Ya a las 11:00am mi esposa había dado a luz todo había salido bien sin ninguna complicación y la llevaron a la habitación para recuperarse y aún bajo los efectos de la sedación. Ella (mi esposa) entre la anestesia y aún bajo los efectos de la sedación me insistía en que me fuera a la entrevista, que no dejara de asistir a la misma. A lo que le indiqué que insistiera porque no la iba a dejar sola, parecía la lucha entre el personaje bíblico de Noemí y sus nueras, "no me ruegues que yo te deje". De momento apareció mi cuñada en la habitación del hospital y mi esposa le dijo: "por favor dile a Eliú que se vaya a la entrevista que tú te quedas conmigo". La cuñada me dice: "sí vete que yo me quedo con ella, no te preocupes". Fue así que me pude ir y dejar a mi esposa en el hospital sólo porque la dejé muy bien acompañada con su hermana. Estaba a tiempo y decidí asistir a dicha entrevista.

Cuando llegué al lugar de entrevista me encontré que había cinco (5) personas esperando por la entrevista también. Para sorpresa mía había un candidato que tenía la licencia de C.P.A. (Contador Público Autorizado). Tal parece que estaba sobre cualificado porque no lo consideraron. Bueno el mes siguiente me llamaron para nombrarme hasta el día de hoy. Dios estuvo en este proceso pues necesitábamos ese nuevo empleo ya que tendría un nuevo miembro en la familia y mi esposa necesitaba un vehículo ya que el que tenía estaba dando muchos problemas mecánicos. Gloria a Dios porque se pudo conseguir esta oportunidad.

Capítulo V

Otras experiencias y testimonios

Cuando regreso del Ejército comenzaron nuevos retos y nuevas luchas, conseguir un empleo, regresar a la universidad y terminar los estudios universitarios. Por lo que comenzamos en cero, mi esposa y yo. Pero Dios siempre nos mostró que estaba nosotros ya que nos permitió terminar los estudios universitarios, encontrar trabajo y todas esas bendiciones con experiencias de provisión divina. Gracias al Señor todo fue mejorando, Dios fue abriendo puertas y mejores oportunidades. Dentro de ellas una casa propia y nos dio dos hermosos hijos.

Además de terminar los estudios tener hijos y obtener nuestra casa vimos como fuimos creciendo en distintos ministerios en la iglesia. Estuvimos en un ministerio musical en el cual pudimos crecer componiendo, predicando, tocando instrumentos musicales, siendo maestros de escuela dominical y otros.

"¿Crees que Dios te puede dar esta casa?"

Hace más de 20 años atrás, mi cuñada y su esposo, se encontraban buscando una casa para mudarse, pues estaban viviendo con sus padres. Estaban incómodos ya que se habían mudado de una casa propia que tenían en Aguadilla y estos tenían muchas cosas que estaban amontonadas en todas las partes de aquella casa de la madre de mi concuñado. Así que se dedicaron a una búsqueda intensiva de una casa. Esto era como para mediados de la década de los 90's. Para ese entonces todavía se conseguían casas que se ajustaran al bolsillo de una pareja que comenzaba y estaba echando para adelante.

Bueno un día me indican, Eliú, conseguimos una casa que es de unos herederos y que me parece bien, está abandonada, pero se puede comprar así y luego hacerle las mejoras que necesite. Así que nos montanos en mi guagua y fuimos todos a ver la casa. Yo le pregunté estando en la marquesina de aquella casa:"¿tú crees que Dios puede darte esta casa, tienes la fe para creerlo?" de inmediato sin pensarlo me contestó, "sí lo creo". Le dije: "pues vamos a declarar que esta casa es tuya, por fe, desde ya!" Nos recostamos de las paredes de la casa justo en aquella marquesina y declaramos en fe que esa casa era de ellos. Le pedimos al Señor que le diera aquella casa pues ellos tenían ya hijos pequeños y necesitaban ese techo. Terminamos y nos fuimos. Faltaba que el banco los cualificara para el préstamo hipotecario y cerrar el negocio.

Más tarde, luego que investigó los pormenores con el banco este me dijo: "hay otra persona que le ofrece $10,000.00 por encima del precio que me dieron a mí de venta y el banco no me da ese otro dinero". A lo que de inmediato le dije que eso no era problema de el ni de nosotros. Que ya habíamos orado y que eso era problema de Dios. Esto tranquilizó su ansiedad y se fue para su casa. Desde el punto de vista económico no era negocio para los herederos vender la propiedad en $10,000.00 menos y esta persona además contaba con ese dinero en efectivo para dárselo de inmediato sin más ni más y sin ningún trámite bancario de por medio.

Sin embargo, estos herederos actuaron en contra de toda lógica comercial y de negocio y decidieron venderle la casa a mi cuñada y a su esposo. ¡Gloria a Dios! esto fue sin duda un milagro de provisión divina. No hay otra explicación. Esto no queda aquí semanas o meses más tarde mi concuñado se encontró con esa dama que ofreció más dinero por aquella casa y luego de saludarse le dijo: "yo no entiendo cómo te vendieron esa casa a ti, si yo les ofrecí más dinero que tú". ¿qué te parece? Esto es lo que Dios hace cuando lo que pedimos es para cubrir una necesidad y no un capricho, es cuando ejercemos la fe y le creemos que no sabemos como Él lo hace, pero sí sabemos que Él lo hace, alabado sea el nombre del Señor. A Él sea toda la gloria y el honor.

"dile a ese hombre que hoy le levanto las cargas de sus hombros"

Esta experiencia que ahora te la relato como un testimonio tiene gran relevancia por varias razones. Primero porque fue una de mis primeras experiencias impactantes en la iglesia ya que llevaba cerca de tres años en la misma sin estar ocupando ningún tipo de posición en ningún de los ministerios dentro de la iglesia, ya fueren el cuerpo de ancianos, diáconos, adoración, ni algo parecido.

Segundo, que creía que Dios solamente usaba a aquellos que ocupaban algún puesto dentro de la iglesia y no a una persona que se encontraba sentado en la banca como lo estaba yo en esos momentos. Tanto así que estaba considerando irme a otra iglesia porque sentía que llevaba mucho tiempo sentado por lo que entendía era tiempo de moverme a otro lugar en donde pudiera aportar. Luego de esta experiencia me di cuenta que el Señor a veces nos sienta en la banca para que aprendamos a ser pacientes y a dejarme saber que Él sabe lo que está haciendo a través de nosotros. Esta experiencia en este día el Señor me sorprendió y te voy a relatar como fue.

Resulta que un domingo mientras el pastor predicaba yo me encontraba en uno de los asientos del "mezzanine". Oiga, esa voz que nos habla y nos dice: "mira a ese caballero que está a tu izquierda. Este se encontraba como a unos diez asientos distante de mí, era un caballero de tez blanca como de unos cuarenta (40) años de edad "dile a ese hombre que hoy le levanto las cargas de sus hombros". Esto nos ocurre en medio de una predicación en curso. Así que comenzamos una conversación con el Espíritu y le dije: "Señor tan pronto terminé el mensaje el pastor le daremos, ese, que es Tu mensaje". Lamentablemente este caballero se puso en pie y se fue por un pasillo que llevaría a unas escaleras y a un segundo (2do) piso o en el peor de los casos se podía marchar. Así que comencé a angustiarme porque sentía que no podría permitir que aquella vida se fuera sin el mensaje que el Señor nos había dado para él. Esto, a pesar de que yo nunca había visto en mi vida a este caballero y no tenía ningún tipo de relación filial o de amistad con él, sencillamente no lo conocía.

En esos momentos se aparece mi esposa que venía a sentarse a mi lado justo cuando este hombre se levantó para irse. Así que le dije a mi Brenda, mira el Señor nos acaba de dar un mensaje para ese caballero y se acaba de ir de su asiento. Elle me dice: "y qué tú esperas para ir tras él". Así que ni corto ni perezoso me levanté y nos fuimos tras él. Nos encontramos que este ya había recorrido todo un pasillo. Así que bajé las escaleras y en la segunda escalera me lo encuentro de frente. Este estaba de pie frente a una ventana de cristal que se encontraba justo frente al salón de escuela dominical para los recién convertidos en el segundo piso. Este caballero tenía su mirada pérdida hacia el horizonte tan así que me acerqué y tuve que tocarlo en el hombro para que captar su atención. Lo saludé y le dije: "yo no lo conozco, pero el Espíritu Santo que sí lo conoce me dijo en mi asiento que lo siguiera y le dijera que Él le levantaba las cargas en el día de hoy".

Este hombre al escuchar estas palabras fue conmovido y se compungió y bajo su cabeza como para llorar, así que le puse mi mano sobre su hombro comencé a orar por él. En ese momento el Espíritu Santo comenzó a mostrarme la vida de ese hombre. Entre las cosas que me mostró estaba que el estaba vivo gracias a la oración y a la intercesión de su madre y que lo había librado de grandes peligros", que el Señor había escuchado su petición de que Dios le hablara en ese día y otras que ya no recuerdo.

En fin, el Señor me dio una radiografía de este caballero que nunca había visto en mi vida. A todo lo que el Señor me mostraba este caballero lo aprobaba con su sí con su cabeza. Cuando terminé de orar este caballero me sorprendió con lo que me dijo. Me dijo: "yo soy policía y me quitaron la placa y el arma de reglamento y pronto tendré un juicio en corte, por lo que estoy bajo supervisión electrónica del tribunal ya que tengo un grillete electrónico en una de mis piernas. En esta semana pensé quitarme la vida. Porque además de esa situación legal que tengo que enfrentar, tengo problemas con la mujer con la cual convivo.

En otras palabras, este hombre estaba lleno de unas cargas tan violentas, de que si Dios no hubiese intervenido ese día con él, es posible que hoy día estuviera muerto.

En esos momentos veo venir a una anciana de la iglesia y tuve temor porque en mi pensamiento estaba la preocupación de que yo no era anciano en la iglesia y no ocupaba ningún puesto dentro de la estructura de la iglesia como para estar ministrando a este caballero. Así que me dije esto queda aquí y nadie se va a enterar de lo que aquí sucedió.

Pero no fue así este caballero desde el momento que lo dejé comenzó a esparcir esta experiencia con todo el mundo. Comenzando con sus maestros de escuela bíblica para recién convertidos. Este me describió con ellos así que supieron quién fue el que le ministró esa mañana y de lo feliz que se sentía ese día por tan poderosa ministración a su vida por parte del Señor. Esos maestros me llamaron a mi casa y me notificaron de que ya sabían cómo el Señor se había glorificado en ese nuevo convertido. En mis adentros pensé, "estoy frito". No me estaba dando cuenta de que el Señor de Señores y Señor de la Iglesia ya me había autorizado. Esto ocurre a finales de un mes de junio a principios de los 2000.

Resulta que como dos semanas después este caballero me estaba buscando desesperadamente por todo el templo. Tan así que pasó por el frente de mi esposa y ella percibió que este me estaba buscando y así me lo indicó. Finalmente, este hermano me encontró y me manifestó sus ansiedades y preocupaciones del juicio que se le venía arriba en sólo cuatro (4) días. Me dijo que se encontraba muy ansioso por que iba a ocurrir en dicho juicio en donde lo acusaban de ser un policía corrupto. El Señor me dio la palabra sabia para este hermano en Cristo y así se la dimos. Le dije: "hermano hasta donde yo conozco al Señor este nunca hace trabajos incompletos, además yo no fui el que le dio la palabra de, en el día de hoy levanto las cargas de tus hombros, por tanto, vaya en paz y usted va a salir libre de todo cargo en esa corte".

Estas palabras fueron más que suficiente para que este hombre entrara en paz y se despidió de mí y se marchó. Bueno, para mí esto era como caso cerrado, finito. Sin embargo, ahora venía lo mejor de Dios para este hombre, ¡Gloria a Dios! Resulta que yo ni siquiera me acordaba del asunto y salí de mi trabajo y me encontraba en una gasolinera cuando recibo una llamada de mi pastor. Cosa que me pareció muy raro. Era mi pastor llamándome para hablarme de este hermano. Imagínese yo que no quería que nadie supiera del caso y quería permanecer en el anonimato y ahora resulta que el líder mayor de la iglesia me llamaba precisamente para hablarme de este hermano. El pastor me dice: "Eliud, en el día de hoy a eso de la 1:00pm vi a un señor de rodillas en el altar y fui y me acerqué para preguntarle que lo llevaba por allí. Resulta que me dice que tú le distes dos profecías y que ambas se cumplieron pero que la razón por lo cual estaba allí era para darle las gracias al Señor porque ese día estuvo en un juicio que se celebraba en su contra en el Tribunal de Bayamón y había salido libre de todos los cargos en su contra y que estoy era la segunda profecía que el hermano Eliú le había dado". Le di las gracias y le dije que "pastor" me hizo el día.

"él sabe lo que tiene que hacer"

A partir del 2000 ya estando en la Iglesia de Buena Vista comenzamos a tener más experiencias. Recuerdo que una noche orando al lado de la cama de mi hijo menor, Yamil, que comencé a ver el rostro de un compañero de empleo. No entendía el por qué estaba teniendo esa experiencia pues no tenía ninguna relación cercana con este compañero. De hecho, lo que sabía de él era muy poco. Así que comencé a preguntarle al Señor que quería que hiciera con esa visión que me estaba dando. El Señor me comenzó a mostrar la problemática que tenía en su hogar. Fue entonces que le dije al Señor: "si voy donde el me va a decir, descubriste el mediterráneo todos tenemos problemas". Así que necesito Dios que me des el problema y la solución y así iré a donde él". En mi mente recibo una contestación por tres veces consecutivas de parte del Señor: "él sabe lo que tiene que hacer". Así que dije: "bueno Dios, mañana cuando lo vea así se lo haré saber".

Al día siguiente mientras me encontraba en mi carro, en el estacionamiento, pude ver a este compañero que se dirigía a su auto. Por lo que me bajé del mío y fui tras él. Cuando iba ya a cerrar la puerta le llamé por el nombre y le dije: "mira fulano, anoche estaba orando con mi hijo menor y el Señor me indicó que te dijera que tú tenías estos problemas y cuando le pedí una solución para dártela él me dijo que… y que tú … sabías lo que tenías que hacer. Eso me dejó loco porque no lo entendí. En ese momento él se quedó pensativo y se agarró del guía de su vehículo y se dirige hacia mí, fue cuando en mi mente me dije, este me va a dar un insulto o me va a decir algo fuerte, bueno que me esté pasando. Pero lo que me dijo este caballero me dejó boquiabierto pues me dice: "cuando era sólo un niño de siete (7) años, hijo de una madre soltera, viviendo con muchas limitaciones en una iglesia evangélica de un pueblo del norte de Puerto Rico yo predicaba y a los catorce años iba a estudiar para convertirme en ministro o sea en pastor.… fue cuando me quedé estupefacto con la boca abierta, no creía lo que aquel hombre me estaba confesando pues yo decía la noche anterior, Señor ¿cómo es posible que esta persona sepa lo que tiene que hacer? ¿Pues creo que sea ni siquiera sea creyente? Qué tremenda sorpresa.! ¡Wao! Esta experiencia me marcó. Cuando logro recuperarme de la sorpresa y de que lo que hablé con el Señor no era un invento mental mío o un fanatismo religioso, sino que estábamos experimentando algo que era real. Era una manifestación del don de ciencia y de visión. Dios me estaba dejando experimentar algo nunca antes vivido. Fue cuando entonces le dije: "bueno, ya yo cumplí con la encomienda que Dios me dio para ti, por lo que estoy liberándome de mi responsabilidad contigo, "la bola está en tu cancha" y me fui.

Háblale a ese pie y declara salud

Un sábado estando en mi casa me llaman dos hermanas desde el pueblo de Cabo Rojo. Me llamaron con mucha angustia porque mi sobrino había tenido un accidente muy serio en donde la Van en la que viajaba, que era un vehículo de la compañía, se había ido por un risco y dio varias vueltas y este se encontraba en el área de emergencia del Centro Médico y no se sabía en qué condiciones se estaba y lo peor del caso era que estaba sólo.

Así que me suplicaron que por favor fuera en representación de ella a ese centro hospitalario en lo que ellas podían llegar al hospital ya que estaban muy distantes de alli. De manera que nos preparamos de inmediato y salimos un grupo de cuatro personas entre las que se encontraban mi esposa, mi cuñado y un sobrino. Los cuatro salimos orando por ese sobrino hasta que llegamos al hospital. La situación era difícil porque no dejaban entrar a las personas al área. Pero seguimos insistiendo y finalmente me dejaron entrar hasta donde este se encontraba. Pude llegar hasta la camilla y de inmediato comencé a orar por él. Lo ungí con aceite y luego de un tiempo llegó su mamá que era mi hermana y entonces me fui del área porque no podían estar más de una persona con el enfermo.

De allí salí y nos reencontramos los cuatro que salimos juntos a la emergencia. Fue cuando mi cuñado me dice: "oye tengo a un hermano hospitalizado aquí en este complejo hospitalario y me gustaría que lo pudiéramos visitar". Le indiqué que no había ningún problema. Por lo que de inmediato nos dirigimos a su cuarto. Una vez llegamos al cuarto comenzamos a dialogar y este se encontraba muy ansioso y deseoso de salir de aquel lugar. Este es un paciente diabético al cual se le había enterrado un clavo y tenía una infección que estaba por llegarle al hueso. De ocurrir tal cosa esto podía conducir a una complicación mayor de hasta una amputación del pie. Este estaba bajo un tratamiento d antibióticos y por lo visto y el cuadro que presentaba no iba a salir de allí por lo menos por 4 semanas adicionales a las dos semanas que ya llevaba hospitalizado. Cosa que lo ponía más ansioso aún.

Por lo que nos hicimos un círculo de oración y los cuatro nos tomamos de las manos y comenzamos a interceder. Fue cuando sentí en mi corazón a que le hablara a ese pie y comenzara a darle instrucciones. Me parecía cosas de loco, pero seguí orando en obediencia y en un momento de visitación del Espíritu Santo sentimos una unción en la cual declarábamos bajo ese poder del Señor que este iba a salir antes del tiempo que los médicos le habían indicado. En aquella habitación había otra persona a la cual también le oramos. Esto ocurre un sábado, ya para el lunes este paciente fue dado de alta. Era un milagro poderoso del Señor. No hay manera de explicar esto de manera científica o médica, Cristo lo hizo, a Él sea toda la gloria. Recibimos noticias de que al paciente que compartía habitación también le dieron de alta luego de la oración que hicimos los cuatro por este.

"Dios dime que hago aquí"

Como para el 2002 tuve una experiencia muy fuerte en mi casa. Era el verano del 2002 y habíamos comprado una pequeña piscina que pusimos en el patio trasero para los nenes. Mi hijo Yamil para ese entonces tenía dos añitos y par de meses. Recuerdo que lo dejé con su mamá en la piscina y con mi cuñada. Yo estaba hablando en la marquesina con un hermano de la iglesia. Pero mientras hablaba con el hermano comencé a oír una voz interna que me decía ve atrás y coteja a tu hijo que está en piscina. Pero no le hice caso y continué hablando con el hermano pues me dije: "el nene está con su mamá". De repente escuché los gritos más angustiosos que una madre puede hacer: "Eliú!!!, Eliú!!!…Elíú!!!… salí corriendo de inmediato al patio trasero en donde me encontré con una escena Dantesca, mi esposa tenía en sus brazos a Yamil cianótico (la cianosis, se vincula a tejidos con una concentración baja de oxígeno, ya que la sangre está desoxigenada. Por eso la piel se vuelve azulada u oscura, como ocurre con las mucosas y los labios ante una situación de hipoxia). Quiero indicar que mi esposa como maestra preescolar toma cursos de resucitación, primeros auxilios y todo tipo de curso en esa dirección, sin embargo, una cosa es manejar una emergencia con un niño en un salón de clases y otra es manejar una situación como esta con tu propio hijo. Ella me tiró al muchacho en los brazos y me dijo: "no está respirando!!! Eliú!!!, lo que se me ocurrió en ese momento fue darle unas palmaditas en la espalda como si se tratara de un gasecito de un niño que acaba de tomar leche. Para mi sorpresa y asombro el niño muy lejos de recuperarse los ojitos se le fueron hacia atrás y sólo se veía la parte blanca de sus ojitos. En ese momento fue como si me juntara el cielo con la tierra, me decía "esto no puede estar pasando". Por mi mente pasaron mil pensamientos en un segundo, todos terribles. Clamé a Dios y le pedí que me instruyera como trabajar con la situación pues yo sabía que no tenía mucho tiempo o mi hijo se me moriría en mis brazos y nadie allí pudo reaccionar pue tenía a mi esposa en estado de "shock" y mi cuñada también.

Fue un escenario muy fuerte, todavía me conmociona cuando hablo de este momento tan crítico en la vida de mi familia, de hecho, me siento como si estuviera allí viviendo esto nuevamente. En ese momento entiendo que sólo Dios pudo haberme dado las instrucciones, acuéstalo en el suelo boca arriba, tapa su nariz, mete tu mano detrás de su nuca y sopla aire por su boca, ese hermano que se encontraba en mi casa puso su mano en su frente y dijo en el nombre de Jesús, a lo que yo antes de soplar aire a sus pulmones dije: "sí … en el nombre de Jesús!". Inmediatamente soplé aire a los pulmones de mi bebé este comenzó a toser, así que repetí el ejercicio por dos ocasiones y las instrucciones fueron: "vira su cabeza de lado para que bote el agua de sus pulmones" así lo hicimos y mi niño regresó... Gloria a Dios! Hermanos lo tomé en mis brazos y lo caminé de lado a lado y mi hijo volvió a la vida. Los llevamos al CDT más cercano y el médico al verlo tomando un biberón de leche me dice: ven con él, se lo llevamos y luego de revisarlo me dice: "si no hubieses hecho lo que hiciste, tu hijo estaría muerto en estos momentos". Lo que el médico no sabía es que yo no había tomado ningún curso de resucitación o C.P.R., pero tuve el mejor instructor del mundo a mi lado, gracias Señor Jesús pues por tu misericordia hoy tengo a Yamil a mi lado gracias a tí... te amo Dios.

"No digas que no que Yo te capacito"

Una mañana, en específico fue un miércoles, mientras iba orando hacia mi trabajo ya casi llegando tengo una visión. Veo el rostro de una hermana de la iglesia y le pregunto al Señor en oración, "Señor ¿qué sucede con esta amada hermanita, es acaso un problema de salud, es económico? por favor … dime Señor! En ese momento recibo respuesta me dicen: "dile, no digas que no, pues Yo te capacito". Iba en pleno Expreso y le digo al Señor: "no entiendo, pero la voy a llamar tan pronto como llegue al estacionamiento Padre Celestial y le daremos tu mensaje a esta hermana".

Así que tan pronto como estacioné mi auto tomé el teléfono y la llamé. Eran como las 7:30am de ese miércoles, mitad de semana. Tan pronto la llamo la saludo y le digo: "hermana tengo un mensaje de parte del Señor para usted y se lo voy a dar al costo porque yo no entiendo el mensaje". Le expliqué la visión que tuve en medio del Expreso y que no dijera que no que el Señor la capacitaba. La reacción de esta hermana no se hizo esperar fue como un torbellino de bendición pues comenzó a hablar en otras lenguas y a glorificar a Dios de una manera tan poderosa que era contagiosa y me enredó en esa alabanza y ahora éramos dos locos aleluyas hablando en lenguas y una epifanía a través de un celular en mi auto. ¡Fue glorioso! y aunque era una experiencia hermosa de adoración yo continuaba sin entender aquel mensaje. Así que cuando ella y yo nos tranquilizamos de esa fiesta de epifanía gloriosa elle me hace el relato y me dice: "ay, hermano, esta madrugada yo fui a un centro de pruebas médicas ya que tenía una cita para llevarle los resultados a mi médico de una prueba que tenía que hacerme para confirmar las posibilidades de cáncer en uno de mis senos". De hecho, hermano, es casi seguro que tenga cáncer, si fuera a establecerlo en términos de porcientos diría que un 99.99% de posibilidad de que tengo cáncer. Continúa diciendo, "lamentablemente a pesar de que llegué a eso de las 5:00am me encuentré que la máquina que me haría la prueba estaba averiada. Por lo que no pude hacerme la prueba y decidí regresar a mi casa. Quiero decirte Eliú que esto (lo del diagnóstico y el cáncer) no era lo que me preocupaba. Más bien venía a mi casa con una preocupación espiritual, de hecho, era que iba a llamar a una hermana que me invitó para que predicara en su iglesia, el próximo sábado, en un retiro de damas. Estaba a punto de llamarla para decirle que no iría a dicho retiro porque no me sentía capacitada para predicarle a un grupo de damas que a mi entender eran mucho más intelectuales que yo, por lo que iba decirle que no iba a poder cumplir con dicho compromiso. Pero olvídate de eso ahora más que nunca la tengo que llamar para confirmar que voy a asistir al compromiso.

Demás está decir lo sorprendido que me quedé pues ahora entendía el mensaje que el Espíritu Santo me había dado en medio de un Expreso camino a mi trabajo. ¡Gloria a Dios! para mí estoy era misión cumplida y asunto concluido. Sin embargo, aquí comenzaba todo.

Pues luego me relató que fue obediente y a pesar de cómo ella pensaba fue al compromiso contraído y predicó, ministró y se dejó usar por el Señor ese sábado lindo y glorioso en ese retiro de damas. Dios le tenía un regalo, me cuenta que cuando termina el culto o retiro una anciana ungida del Señor fue y le impuso las manos y le oró. Entiendo que con esto la hermana al igual que yo pensé esto era asunto terminado se fue para su casa. Bueno llegó el lunes y se fue a hacer las pruebas nuevamente y allí encontraron que no había ni rastro de cáncer. ¡Gloria a Dios!

Dios me sorprendía cada vez con experiencias en la autopista, en el tapón, en el salón de Escuela Dominical y dondequiera que estuviera en una comunicación íntima con Él. De hecho, recuerdo un caso muy particular en el salón de clases bíblicas un domingo cuando me encontraba en el salón de esta hermana que les acabo de narrar. Estaba sentado en la parte posterior del salón cerca de la puerta. De repente oigo la voz del Espíritu Santo que me dice: "ves a ese hermano al frente, el que está sentado al lado de su esposa? Ve y ora por él….

"lo que Yo te he dado, nadie te lo quitará"

La orden fue: "ve y ora por él". A lo que le digo al Espíritu, tan pronto termine la clase Señor voy a orar por esta vida. Así lo hicimos y tan pronto termina la clase nos acercamos a este hermano y le preguntamos si nos permitía orar por él, a lo que de inmediato contestó que sí. Le impuse las manos en su frente y comencé a orar por aquella vida. De momento mientras estoy intercediendo por él me tomó el Espíritu Santo y le dice a este hombre con voz de autoridad: "lo que te he dado nadie te lo quitará" y de seguido viene otra palabra más increíble bajo la iluminación del Espíritu Santo, "y no te preocupes por las demandas". Cuando el Señor me dio esta palabra yo mismo me quedé sorprendido porque yo me decía a mí mismo ¿qué es esta palabra? En esos momentos abrí mis ojos y veo a la esposa de este hermano llorando de una manera increíble pues se le había rodado en todo su rostro el maquillaje.

El hermano me dice: ¡Wao!,"hermano quiero decirle que llevamos como cinco años llevando un caso en las cortes por unas propiedades". Ahí me di cuenta del por qué del llanto de la esposa de este hermano. Mientras sigo hablando con este hermano me toma el Espíritu y tengo una visión en donde veo una verja de tela metálica en donde había un espacio de como diez (10) pies de ancho que estaba con la verja tan rota que era casi inexistente. El Espíritu me dio a entender que era que en la vida de este hermano había un área que tenía que trabajar. Así se lo indiqué, según el Espíritu me lo mostró. A lo que de inmediato este hermano con mucha humildad aceptó nuevamente y se comprometió a trabajar con esa área en su vida que necesitaba algún tipo de atención. Cuando veo la actitud de tanta humildad observada por este varón me doy cuenta de que con razón Dios tuvo la atención tan especial que me movió a mí es siervo inútil a que orara por él. ¡Gloria a Dios nuevamente!

"tres ángeles y una butaca marrón"

Este día me encontraba yo en mi vehículo orando y tuve una visión en donde pude ver a la esposa de mi pastor en ese momento sentada en una butaca color marrón. Estaba sentada con sus manos entrelazadas y en una postura de oración en donde pude ver que se encontraba muy bien acompañada pues tenía tres ángeles alrededor de ella. Uno se encontraba al lado izquierdo, otro al lado derecho y otro en la parte posterior de dicha butaca. El área me parecía como un "family". Quiero decirte que nunca visité la casa del pastor. Por lo que no sabía nada de cómo era su casa ni lo que había en ella. Bueno, dejé pasar esa experiencia por alto y continué mi día de forma regular.

Sin embargo, llegó el domingo y mientras se estaba orando en dicho culto recordé esa experiencia y se lo comenté a mi esposa que se encontraba a mi lado en ese culto. Ella me indica, "debes dejarle saber al pastor de esto que te pasó. Te recomiendo que le envíes una nota a través de uno de los diáconos y él sepa de esto". Así lo hicimos y pudimos ver desde nos encontrábamos sentados cuando el diácono le entregó dicho mensaje. Él lo leyó rapidito y se lo llevó al bolsillo y ahí quedó la cosa, según nuestra percepción.

Luego como a eso de las 2:00pm de la tarde de ese mismo domingo recibo la llamada de mi pastor. Era para que pedirme que le repitiera lo que yo había visto en visión. Con mucho gusto le dije la visión y este me indicó que entendía que los tres ángeles implicaban las tres oraciones diarias que ella hacia todos los días. Sin embargo, no me comentó nada de la descripción que le había dado de donde ella se encontraba en su casa, cosa que yo no sabía pues nunca, como dije, había visitado su casa. Luego de esto asistimos a una actividad de confraternización de matrimonios de la iglesia en donde hablando de esta experiencia con una hermana, que sí había visitado la residencia del pastor, esta nos confirmó que el área de la casa que el Señor había mostrado en visión, incluyendo la butaca y el color, eran tal cual las había visto en dicha visión. Mi esposa y yo nos quedamos impresionados con esa nueva información que nos daba. Increíblemente todo concordaba según el Señor me lo había mostrado en mi vehículo en medio del expreso. ¿qué te parece? Dios es poderoso, gracias Dios muestra las cosas con lujo de detalles, siendo un lugar al que nunca hayas ido. Al Señor sea toda la gloria.

Mi sierva yo te escucho, yo te escucho,

Yo te escucho

Era como para eso de finales del mes de abril o comienzos de mayo del 2009. Mi esposa estaba atravesando por un proceso post operatorio de su matriz. En ese momento yo estaba por una licencia del Fondo por una situación en mi trabajo y gracias a esa licencia pude cuidar por cerca de ocho semanas luego de una operación tan difícil. Yo hacía todos los quehaceres del hogar y llevaba los hijos al colegio puesto que ella no podía hacer nada.

Solamente la dejaba sola los martes durante medio día pues asistía al culto de oración y retiro en la iglesia. Resulta que uno de esos martes mi esposa postrada en la cama comenzó a sentir un dolor insoportable y en su desesperación le pidió al Señor que la socorriera. Lo hizo de una manera muy particular pues lo hizo de modo escalonado en

70

tres gritos que fueron desde bajito, más alto y por último con un grito estremecedor. Esto porque sentía como que Dios no le estaba escuchando. Por eso gritó: "¿Señor tú me escuchas?,!!¿Tú me escuchas? ¡¿Diosssss, tú me eschuchasss?!!!. Ella relata que luego de ese último grito se quedó profundamente dormida.

Esa misma noche nos visitó mi sobrino, casado y con su esposa que estaba embarazada. Este venía con su esposa porque tenía una asignación de la universidad que consistía en hacerme a mí una entrevista. Así que una vez se terminó ese proyecto tuvimos un compartir y mi esposa se acercó también. Ya para despedirse nos tomamos de las manos e hicimos una oración. Para ello hicimos un círculo. Mientras estábamos en oración yo sentí algo que nunca había experimentado en mi vida. Me sentía como si estuviese en un torbellino o como si no hubieran metido en una licuadora que daba vueltas a gran velocidad.

Qué cosa tan increíble, gloria a Dios, es cuando de repente el Espíritu toma a mi sobrino y toma a mi esposa por ambas manos y comienza a decirle: "! Mira yo te escucho, ¡oye, que Yo te escucho!!!! y en la última ocasión le gritó: "Yoooo te escuchooooo!!!!!! Santo es el Señor. El Señor le estaba contestando de la misma manera tono y grados escalonados que en la mañana mi esposa le había preguntado al Señor si Él la estaba escuchando. ¡Qué cosa más impresionante! A esto por supuesto ninguno de nosotros sabía, ni entendía, lo que estaba ocurriendo, únicamente mi esposa quién le había gritado a Dios por la mañana si Él la escuchaba.

Como dicen los muchachos en el argot juvenil: ¡Dios está pasao, Impresionante! Dios le dijo que sí la escuchó fue por eso que cuando hizo el tercer grito cayó en un sueño profundo y se fue el dolor. Que precioso es nuestro Dios, siempre escucha. Recuerda es el varón de dolores experimentado en quebrantos. Nadie entiende mejor tu dolor y el mío como nuestro Señor. No dudes es gritar, clamar, pedir pues sus oídos están atentos a tu clamor. Clama, clama, clama que Él te oirá. ¡Él vive!

Desde un mezzanine

Estando sentado en un mezzanine en una ocasión y presenciando un culto de momento escucho la voz del Señor que me dice: "mira hacia el pulpito" así que mire y me dicen: "ese pueblo de labios me honra pero su corazón está lejos de mí" me dije a mí mismo esto tiene que ser mi mente y si eres Tú Señor para nada voy a decir a nadie este mensaje pues me traerá muchos problemas, así que olvídalo Señor, envía a otro. Mira mi esposa está aquí a mi lado y no le diré a nadie ni siquiera a ella".

Pues el pastor de aquella congregación no hizo más que tomar el micrófono para predicar y recitó el mismo versículo de Mateo

15:8, "este pueblo de labios me honra más su corazón está lejos de mí". En ese momento me quedé completamente perplejo, entré en preocupación porque ya aquí tendría que tomar acción. Nos dimos cuenta que esto no era mi mente y que era un mensaje de parte del Señor y yo tendría que transmitirlo pues me había escogido a mí para llevarlo al ángel de la iglesia. Por lo que tan pronto termina de predicar el pastor bajé del mezzanine y fui en busca de él. Una vez lo encuentro le pido que si por favor tenía un minuto para mí en ese momento que tenía algo importante que decirle. Respondió en la afirmativa y fuimos hasta su oficina. Allí le relaté todo lo que el Señor me había mostrado y este se entristeció. Entendí que hasta ahí era mi misión y ya la había cumplido y lo demás era un asunto pastor ovejas sobre el cual yo no tenía ninguna injerencia. Tenemos que orar por nuestros pastores pues hay cosas muy difíciles de manejar y ellos sufren pues a veces no es tan fácil tomar acciones pues estas tendrán repercusiones en el rebaño.

¿"Señor pero si se está sonriendo"?

En otra ocasión y desde el mismo "mezzanine" de pronto oigo esa voz del Espíritu que me dice: "mira a aquel músico que está tocando las congas, observalo?. Comencé a observarlo y según yo le veía este se mostraba alegre, de hecho, se estaba riendo mientras tocaba las congas. Es entonces cuando esa voz nuevamente me dice: "no está alegre, ahora mismo tiene unos pensamientos que lo torturan y son como espadas que le atraviesan su cabeza de lado a lado". Me dije, ¿será posible?, ¡wao!, bueno Señor tan pronto termine el culto te prometo que iré y le diré lo que me dejaste ver. Tan pronto terminó el servicio me le acerqué y lo saludé. Le dije: "hermano tengo algo que decirle, ¿tiene un momento? Este me dijo: "claro". Así que le conté toda la revelación que me había dado el Señor mientras me encontraba en el "Mezzanine". Enseguida su rostro cambio a la realidad que le preocupaba y se borró aquella sonrisa casi continua que mostraba mientras tocaba el instrumento musical. Entonces me abrió su corazón y me dijo: "Eliú yo tengo problemas con mi sobrepeso y quisiera bajar estas libras y no puedo, siento que me bajan mi autoestima". Pude ver que verdaderamente era así pues su rostro mostraba su angustia y su dolor. Esto me hizo entender que a veces no siempre que vemos a un hermano en la fe sonriendo es que está feliz si no que puede ser sólo una apariencia y que sólo el Espíritu Santo es el que nos puede revelar la verdadera cara interior o el corazón de un hermano. Me pude dar cuenta que la iglesia llena de su Espíritu es sanadora pues Dios le revela la necesidad más oculta y sobre esa base se puede trabajar y así tener a una iglesia sanada porque si no estamos sanos no podemos sanar. Esa es la encomienda que Cristo leyó en Isaías capítulo 61 que nos dice:

El Espíritu de Jehová el Señor está sobre mí, porque me ungió Jehová; me ha enviado a predicar buenas nuevas a los abatidos, a vendar a los quebrantados de corazón, a publicar libertad a los cautivos, y a los presos apertura de la cárcel;

2 a proclamar el año de la buena voluntad de Jehová, y el día de venganza del Dios nuestro; a consolar a todos los enlutados;

3 a ordenar que a los afligidos de Sion se les dé gloria en lugar de ceniza, óleo de gozo en lugar de luto, manto de alegría en lugar del espíritu angustiado; y serán llamados árboles de justicia, plantío de Jehová, para gloria suya.

4 Reedificarán las ruinas antiguas, y levantarán los asolamientos primeros, y restaurarán las ciudades arruinadas, los escombros de muchas generaciones.

Solamente podemos restaurar las ruinas del pasado de una vida si estamos sanados, la iglesia es un cuerpo que tiene inteligencia como nuestro cuerpo biológico que tiene la capacidad de auto repararse.

"Llamalo ahora"

Recuerdo una mañana camino a mi trabajo que subía a la autopista y yo iba orando y sentía una necesidad de orar sin tener que hacer nada más si no presentarle mi vida al Señor y no tenía la mínima intención de hacer ningún tipo de llamada o gestión, si le podemos llamar de alguna manera, de otra persona que no fuera intimar con mi Dios. Pero oímos su voz cuando nos dice:!llama a este hermano fulano ahora"! ¡es urgente y a prisa!. Yo no quería pero sentí que era cosa de vida o de muerte, pues vi a esa persona frente a un acantilado a punto de caerse risco abajo con sólo un paso, de hecho, era el acantilado del municipio de Cabo Rojo. Este precipicio queda justo al lado de un viejo Faro en el dicho lugar al oeste de la isla de Puerto Rico. Así que llamé a este hermano que, lamentablemente, en ese momento no estaba asistiendo a nuestra iglesia. Había pasado por un proceso de divorcio muy difícil. Por lo que la visión que recibí era una de mucha preocupación. Este nos contestó un poco sorprendido pues no esperaba mi llamada y menos quizás a esa hora de la mañana. Le indiqué la visión que tuve hacia a penas unos minutos atrás y este me relató que estaba pasando por un momento muy difícil en su negocio por falta de flujo de efectivo. Situación que lo había llevado a tener que utilizar los prepagos de unos proyectos y utilizarlos en otros. Esto hizo que tuviese una seria situación con uno de sus clientes en donde lo había llevado a las cortes para que le devolviera el dinero y este no podía devolverlo pues ya lo había utilizado en otro proyecto. Tenía una situación muy difícil que de no resolver podía parar en la cárcel. Dios no se equivoca. Hicimos una oración y nos despedimos. Pero eso no lo dejé ahí y llamé a mi pastor para que le diera seguimiento. Nuestro Dios nunca llega tarde por eso es que como iglesia debemos velar unos por otros pues somos un cuerpo, el cuerpo de Cristo.

"Señor estoy cansado"

Una vez camino a mi casa luego de mi jornada de trabajo voy en mi auto y en medio de la autopista recibo una orden, ¡tienes que llamar a esta pareja y es ahora! Le dije al Señor: "me siento cansado Padre ahora no". Esa voz me siguió martillando por todo el camino hasta que le dije al Señor los llamaré ahora. Me contestó el esposo y le dije que El Señor me enviaba a llamarlos a los dos con urgencia en medio de la autopista y que me dijo que los unía como a dos metales distintos. Que los iba a unir a tal magnitud que sería como cuando sueldan dos metales distintos. Este hermano comenzó a llorar. Yo no sé lo que les estaba diciendo, pero lo dije en obediencia, y ahí terminó mi conversación con este hermano.

Luego me enteré de que en ese momento precisamente Dios me había enviado a interrumpir una terrible discusión que esa pareja estaba teniendo. Los platos estaban por salir volando, era una discusión muy fuerte. Era una de esas discusiones que terminan en separación o divorcio. De esa magnitud era la discusión. Tan así, que aún luego de haber recibido este mensaje de una persona que no tiene la menor idea de lo que estaba ocurriendo y guiando en una autopista, Dios lo inquieta y le ordena que los llame y les interrumpa una terrible discusión, a pesar de todo esto, tomaron la decisión de separarse. Y estuvieron así por seis meses. Pero lo que Dios habla se cumple y les dijo que los uniría esta vez como une a dos metales distintos, así fue y se cumplió. Hoy día esa pareja parece una parejita de palomitas enamoradas, más unidos que nunca y nos se dejan ni en las cuestas, ¿le puedes adorar? Pues yo le adoro desde lo más profundo de mi ser pues una vez más Dios triunfa sobre el mal, alabado sea su santo nombre.

Sal de tu ruta y lleva provisión a una vida

Recuerdo un día de regreso a casa y luego de salir del trabajo que escuché esa voz del Espíritu que me dijo: "salte de la ruta y has provisión a un familiar tuyo, dale un dinero". Me salí de mi ruta y llegué a su casa y le dije: "el Señor me envió a tu casa para que te diera un dinero y aquí está". Ella me dijo: "Dios mío le estaba pidiendo a mi Dios que me ayudara pues no tenía ni un litro de leche en mi nevera, ahora con este dinero puedo ir al colmado a hacer unos encargos". Gracias Dios por tu amor y tu compasión, síguenos inquietando para llegar al necesitado y suplir su necesidad.

¿Un endemoniado? O

¿un ser necesitado de amor?

Un viernes en mi iglesia fuimos para presenciar, en el culto de jóvenes, un drama que había preparado mi hijo mayor Cristian. Una vez que llegamos a la iglesia nos encontramos que faltaba como una hora para comenzar su culto. Así que decidí irme a uno de los salones de la iglesia en donde había un piano acústico en donde practicaba el coro de la iglesia. Me dije, en lo que comienza el culto de jóvenes me pongo a tocar y cantar aquí sólito. Cuando miro el reloj me doy cuenta que ya faltaban pocos minutos para ver el drama de mi hijo, por lo que salgo del salón y comencé a dar una vuelta alrededor de la nave de la iglesia y al mirar a través de las puertas de cristal miro y veo lo que parecía un círculo de oración. Me alegré mucho y me digo pues que bueno, voy a unirme un ratito en lo que comienza el drama. Cuando me acerco me di cuenta de que no era tal cosa como un círculo de oración, sino que más bien era un individuo en el piso y todo indica que estaba poseído. Estaban bregando con esa persona varios hermanos de la iglesia y el pasto de los jóvenes. Muy dentro de mí me pregunté: "¿quién me mandaría a entrar aquí? en especial cuando ya estaba por comenzar el drama de mi hijo. Me fui para una esquina a orar y rogándole al Señor que no me tocara a mí bregar con aquella situación pues el individuo sacaba la lengua como una serpiente y se contoneaba como una culebra. Era algo no muy agradable. Bueno el pastor siguió manejando la situación y le tocaba ir al culto de jóvenes y miró alrededor y me vio a mí y entonces se me dirige y me dice: "Eliú te dejo a cargo porque yo tengo que irme con los jóvenes". Eso era lo que yo precisamente estaba evitando. Pero me tocó.

Así que me paré al lado de aquel caballero que seguía en el piso como en una especie de trance. Le pedí al Señor de su ayuda y junto con aquellos hermanos comencé a ministrar en el nombre de Jesús. No lo toqué ni tampoco cerré mis ojos, pero comencé a recitar de memoria todos los salmos y la Palabra de poder del Señor. Llegó el punto que sentí que recibí un poder de lo alto que me dio poder y me guio para hablarle con autoridad y le dije a los familiares que vinieron con el que lo levantaran. Una vez de pie me puso de frente con el cara a cara y comencé a declarar que a otra persona como el había declarado palabra profética y se había cumplido y que con él ocurriría lo mismo. Vino sobre mí un poder y una unción que me impulsó a imponerle las manos y sentí que este hombre estaba libre. Lo abracé y sentí que aquel hombre lo que necesitaba era amor también. Luego me enteré de que aquel hombre no pertenecía a nuestra iglesia y que ni siquiera era cristiano o creyente. Que llegó a nuestra iglesia porque sus familiares lo llevaron allí pues no habían encontrado un templo abierto ese día. Que el único abierto era el nuestro, gloria a Dios por ello, y que por eso entraron a nuestra iglesia. Quiero que sepas que ese hombre se convirtió en nuestra iglesia y hoy día no se pierde un culto y es chofer de la camioneta o van de la iglesia. Siempre que me ve me abraza y en ocasiones cuando nos encontramos en la cafetería no me deja pagar, jajaja.! ¡Qué bueno es Dios, a El sea la gloria siempre!

Entre un cuatro y dos guitarras

Recuerdo un día que me anhelaba aprender a tocar el cuatro puertorriqueño y estando en mi trabajo me puse de pie en medio del pasillo y dije a viva voz: "estoy dispuesto a comprar un cuatro y doy hasta $100.00 por ese cuatro. Queriendo decir que estaba buscando uno que fuera usado y económico porque era para aprender a tocarlo y si perdía en interés o la motivación en el camino pues no perdería tanto. No pasaron varios días cuando una compañera vino hacia mí cargando con un estuche que contenía un cuatro. Pude reconocer que era el cuatro puertorriqueño por el tamaño del estuche. Así que sin rodeos le pregunté, que en cuanto me lo dejaba. Me dijo: "en cien dólares". De inmediato se los pagué y me llevé el cuatro y de modo autodidáctico lo aprendí a tocar y para ello utilicé la internet. ¡Gloria a Dios! moraleja ... tengamos cuidado con lo que declaramos, si es positivo vendrá, pero si no también eso vendrá.

En otra ocasión me enamoré de una guitarra acústica que vi tocar al hermano Daniel Calveti (adorador de música sacra) un día que visitó mi iglesia. Así que me dije, "este año me la compro". Pero surgió una necesidad familiar que tenía mayor prioridad y desistí, con mucha pena, de la idea de regalarme esa guitarra. Recuerdo que luego de luego de eso fui a una visita rutinaria al dentista. Era un sábado en la mañana y estaba en la salita de espera de la dentista. Miré hacia el cielo y le dije al Señor, "acuérdate de mi guitarrita". Fue en ese momento que me llamó mi dentista. Estando ya acostado la silla de la doctora recibo una llamada. Cuando cotejo mi teléfono me doy cuenta de que era mi amigo y mi hermano a quien había enseñado a tocar cuando aún era un adolescente en la iglesia y le había regalado mi primera guitarra eléctrica, que a su vez había intercambiado con mi cuñado. Esto ocurrió para el 1986 cuando ingresé al Ejército de los Estados Unidos de América. De hecho, recuerdo ese momento como ahora cuando le dije: "Víctor, te entrego esta guitarra pues no me la puedo llevar y a quien mejor que a ti para que la uses para el Señor, recuerda que esta guitarra siempre ha sido usada para tocar en la iglesia no la uses para otra cosa". ¡Wao! lo recuerdo y me emociono, porque fue como desprenderme de un ser querido. Así era el valor que tenía aquella guitarra para mí.

Bueno regresando a la oficina de mi dentista recuerden que ya me habían llamado y me encontraba sentado esperando que me atendieran cuando entró en mi celular una llamada. Tomé el teléfono y le dije: "hola mi hermano, que pasó? Inmediatamente me dice: "oye Eliú, ya compraste la guitarra que estabas planificando comprar?, a lo que de inmediato le digo: "no". Me dice: "pues no la compres, te estoy preparando una guitarra acústica" … comenzó a describirme la guitarra y a mí se me comenzó a formar un nudo en mi garganta porque no creía lo que estaba ocurriendo pues hacia a penas unos cuatro a cinco minutos atrás que yo había orado al Señor que se acordara de mi guitarrita, la guitarra que no había podido comprar. Le digo a mi hermano", ¿sabes algo, mejor te llamo más tarde porque estoy en un dentista y me van a atender ahora, luego hablamos. Cuando lo llamo más tarde y le relato mi testimonio y de cómo Dios lo usó para contestar aquella corta oración comenzamos a llorar juntos de lo grande que es nuestro Dios. Es cuando me dice: "Eliú … ¿Cuánto te ama el Señor? A lo que de inmediato le contesto: "más de lo que merezco". No tan sólo me regaló una guitarra como la que yo quería si no que me regaló un amplificador. ¡Dios es más que bueno!

Quiero decirte que esto no se queda ahí, este hermano que hoy día es pastor de una iglesia en Puerto Rico. Fue un joven que pasó mucha precariedad en su niñez y adolescencia pero que tiene un corazón muy desprendido y noble. Recuerdo que estando en mi iglesia lo felicité a través de un mensaje de texto desde mi celular. Era domingo de padres. Esa tarde apareció a mi casa con su esposa y su hija. Yo me encontraba en la cocina de mi hogar y le escuché llegar y le pedí que entrara. Este entró hasta la cocina y me saludó y me dijo: "ve a la sala para que veas el regalito que te traje". Le dije: "pero hermano si ya tú me regalaste una guitarra acústica cara hace unos meses atrás" a lo que me contesta: "cotéjalo". Cuando llego a mi sala me topo con otro estuche de guitarra, esta vez, parecía una guitarra eléctrica. Me dice: "ábrelo" cuando lo abro, cuán grande sorpresa me llevé, era la guitarra eléctrica que le había regalado cuando el era un adolescente y yo me iba para el Ejército! Increíble, veintisiete (27) años más tarde, mi primera guitarra eléctrica regresaba a mis manos y reconstruida.!

Como puedes ver he visto a Dios en todas las áreas de mi vida en este caso en provisión de instrumentos musicales. ¡Qué bueno es nuestro Dios! Thank you Lord.!

"nuestra guerra espiritual"

La Palabra del Señor nos dice que nosotros los cristianos enfrentamos una lucha sin cuartel contra fuerzas espirituales que están en los aires, pero también que astutamente esas fuerzas y potestades espirituales de las tinieblas se encuentran influenciando las altas esferas políticas de las naciones. En los centros de poder en donde se toman decisiones como son los parlamentos, congresos, cámaras de diputados, senados, cámaras altas, bajas, en fin, presidentes, dictadores, cuerpos legislativos y judiciales en donde se emiten decisiones que impactan a la iglesia sobre la faz de la tierra. Así que no es poca cosa lo que estamos enfrentando día a día. De hecho, el Señor advierte en Efesios 6:10-13 de la siguiente manera:

10 Por lo demás, hermanos míos, fortaleceos en el Señor, y en el poder de su fuerza.

11 Vestíos de toda la armadura de Dios, para que podáis estar firmes contra las asechanzas del diablo.

¹² Porque no tenemos lucha contra sangre y carne, sino contra principados, contra potestades, contra los gobernadores de las tinieblas de este siglo, contra huestes espirituales de maldad en las regiones celestes.

¹³ Por tanto, tomad toda la armadura de Dios, para que podáis resistir en el día malo, y habiendo acabado todo, estar firmes. RVR1960.

Por eso que en 2 de Timoteo capítulo 2:1-4 nos exhorta lo siguiente:

Exhorto ante todo, a que se hagan rogativas, oraciones, peticiones y acciones de gracias, por todos los hombres;

² por los reyes y por todos los que están en eminencia, para que vivamos quieta y reposadamente en toda piedad y honestidad.

³ Porque esto es bueno y agradable delante de Dios nuestro Salvador,

⁴ el cual quiere que todos los hombres sean salvos y vengan al conocimiento de la verdad.

Dios en su inmensa bondad y misericordia me ha permitido ver la realidad de estas fuerzas espirituales. Esto sucederá cuando precisamente vayas en un viaje a predicar fuera y dentro de tu país, cuando tengas un compromiso espiritual en el cual el enemigo sabe que habrá una gran bendición. Créeme este nos estará esperando para darnos batalla. Esto me trae la experiencia de Jesús cuando fue a la región de Gadara, a la cual el Espíritu Santo lo movió, pues allí había un hombre que estaba poseído por legiones de demonios. Note que Jesús llegó en una barca y estas potestades no dejaron ni siquiera que el Maestro se bajara de la embarcación para retarlo y cuestionarle por qué estaba allí, que no era su tiempo, que ¿por qué venía a atormentarlos? Léelo por ti mismo a continuación, es la palabra de Dios:

El endemoniado gadareno (Mt. 8.28-34; Lc. 8.26-39)

Marcos

5 Vinieron al otro lado del mar, a la región de los gadarenos.

2 Y cuando salió él de la barca, en seguida vino a su encuentro, de los sepulcros, un hombre con un espíritu inmundo,

3 que tenía su morada en los sepulcros, y nadie podía atarle, ni aun con cadenas.

4 Porque muchas veces había sido atado con grillos y cadenas, mas las cadenas habían sido hechas pedazos por él, y desmenuzados los grillos; y nadie le podía dominar.

5 Y siempre, de día y de noche, andaba dando voces en los montes y en los sepulcros, e hiriéndose con piedras.

6 Cuando vio, pues, a Jesús de lejos, corrió, y se arrodilló ante él.

7 Y clamando a gran voz, dijo: ¿Qué tienes conmigo, Jesús, Hijo del Dios Altísimo? Te conjuro por Dios que no me atormentes.

8 Porque le decía: Sal de este hombre, espíritu inmundo.

9 Y le preguntó: ¿Cómo te llamas? Y respondió diciendo: Legión me llamo; porque somos muchos.

10 Y le rogaba mucho que no los enviase fuera de aquella región.

11 Estaba allí cerca del monte un gran hato de cerdos paciendo.

12 Y le rogaron todos los demonios, diciendo: Envíanos a los cerdos para que entremos en ellos.

13 Y luego Jesús les dio permiso. Y saliendo aquellos espíritus inmundos, entraron en los cerdos, los cuales eran como dos mil; y el hato se precipitó en el mar por un despeñadero, y en el mar se ahogaron.

14 Y los que apacentaban los cerdos huyeron, y dieron aviso en la ciudad y en los campos. Y salieron a ver qué era aquello que había sucedido.

15 Vienen a Jesús, y ven al que había sido atormentado del demonio, y que había tenido la legión, sentado, vestido y en su juicio cabal; y tuvieron miedo.

16 Y les contaron los que lo habían visto, cómo le había acontecido al que había tenido el demonio, y lo de los cerdos.

17 Y comenzaron a rogarle que se fuera de sus contornos.

18 Al entrar él en la barca, el que había estado endemoniado le rogaba que le dejase estar con él.

19 Mas Jesús no se lo permitió, sino que le dijo: Vete a tu casa, a los tuyos, y cuéntales cuán grandes cosas el Señor ha hecho contigo, y cómo ha tenido misericordia de ti.

20 Y se fue, y comenzó a publicar en Decápolis cuán grandes cosas había hecho Jesús con él; y todos se maravillaban.

Reina-Valera 1960 (RVR1960)

Versión Reina-Valera 1960 © Sociedades Bíblicas en América Latina, 1960. Renovado © Sociedades Bíblicas Unidas, 1988.

Te preguntarás ¿y a qué viene todo esto? Pues te voy a relatar una experiencia que tuvimos en un viaje que me invitaron a predicar en el Estado de la Florida en Estados Unidos hace unos años atrás. Era una mini campaña de fin de semana, tres noches, viernes, sábado y domingo. Me invitan luego de que esa iglesia estuvo en oración pidiendo dirección para saber a qué persona invitarían. Así que se juntaron tanto el pastor de la pequeña congregación y su iglesia a esos fines. Unos de sus miembros era mi sobrino y este le dice al pastor que el sentía de parte de Dios que era a mí que debían invitar para dicha campaña. El pastor accede y me llaman y me pagan los gastos para ir allá. Fui con mi hijo mayor y mi hermana menor.

Bueno esa primera noche predicamos y cantamos y regresamos a la casa de una hermana en la que me hospedaron. Recién me acuesto siento que un animal de cuatro patas se subió a la cama y sentí como cada paso que daba se hundía la cama y llegó hasta mis rodillas y ahí se detuvo. Nos dimos cuenta de esa presencia demoníaca y nos levantamos a orar. Cuando empezamos a orar nos fuimos al baño para no despertar a nadie. Mientras oraba sentía una voz que estaba batallando en mi mente, "tú no vas a terminar estos tres días, te vas a tener que ir y no vas a terminar esta campaña", era un ataque tremendo. En ese mismo momento siento a mi hermana, que fue conmigo en dicho viaje, que estaba tosiendo muy fuerte, tan así que tuve que ir a preguntarle ¿cómo se sentía? Me di cuenta de que no estaba muy bien, era una congestión tan fuerte que le dificultaba el respirar. Fue una noche muy larga y fuete de lucha y oración. Le dijimos al enemigo que no nos iríamos de allí sin cumplir la misión a la que habíamos ido. Amanecimos bien atropellados al siguiente día que sería el segundo día de campaña. Me preguntaba si podría predicar esa noche porque nos sentíamos agotados.

Pero llegó la noche y nos fuimos a predicar así como estábamos. Quiero decirte que el enemigo sabía que esa noche iba a ser una noche poderosa en donde habría una presencia poderosa del Espíritu Santo y el Señor se glorificaría haciendo milagros y liberaciones con gente que al tocarlos estaban más fríos que un muerto. El culto no quería acabarse, eran las doce (12am) y la gente no se iba del culto. Hubo palabra de ciencia, liberación de gente atada, gozo, presencia de Dios y un ambiente de fiesta en donde la palabra del mensaje fluyó con denuedo y gracia del Padre.

Ese último día cuando estábamos orando la atmósfera se llenó de una presencia tan poderosa del Espíritu Santo que todos comenzamos en un llanto y empezamos a tirarnos de rodilla al piso sin nadie tocar a nadie, era una presencia inigualable de su santo poder y espíritu. Fue cuando de los asientos de aquella iglesia pequeña sale una mujer de Guatemala y dice a viva voz: "yo tengo que testificar, no me puedo ir de este culto sin testificar". Le dieron el micrófono y ella comienza a relatar que la noche anterior o sea el sábado, ella había llevado a su hermano que era de Guatemala y que cuando este entró a la iglesia vio a mi sobrino y quedó en "shock" al verlo porque le acordó su experiencia en el desierto cuando estaba a punto de cruzar la frontera hacia los Estados Unidos. Cuando el coyote (el que trafica con indocumentados y le cobra por transportarlo y entrarlos a territorio estadounidense de manera ilegal) lo abandonó en medio del desierto. Este perdido y sin agua en el desierto comienza a tener alucinaciones y se siente que está muriendo por deshidratación. En ese momento vio a un hombre con un gabán que le hacía señas con la mano como de "ven sígueme" y ese joven resulta que era mi sobrino que estaba allí y era a quien el Señor había inquietado para que me llevaran a la campaña como predicador. Imagínate que clase de bendición bajó allí con este testimonio. En fin, Dios se glorificó con esta mini campaña. Con razón aquel demonio que se había subido a mi cama quería que yo me fuera y la abandonara. Dios no se va de un lugar sin terminar su propósito y tampoco su iglesia.

Quisiera resaltar los últimos versos de Marcos 5:18-20 en donde el Gadareno quiso montarse en la barca e irse con Jesús. Sin embargo, Jesús le dijo que no, que su viaje a esa región fue con un propósito y que él fue ese objetivo. Que ahora el tendría que testificar del poderoso testimonio de lo que Dios había hecho con él. Léelo a continuación:

18 Al entrar él en la barca, el que había estado endemoniado le rogaba que le dejase estar con él.

19 Mas Jesús no se lo permitió, sino que le dijo: Vete a tu casa, a los tuyos, y cuéntales cuán grandes cosas el Señor ha hecho contigo, y cómo ha tenido misericordia de ti.

20 Y se fue, y comenzó a publicar en Decápolis cuán grandes cosas había hecho Jesús con él; y todos se maravillaban

Este evangelio tiene que ser predicado por testimonios que demuestren la verdad del poder de Dios. Al Señor le agrada que tú y yo testifiquemos de las cosas que ha hecho con nosotros y de la misericordia, que no es otra cosa que la compasión, y cuando hablamos de compasión no es pena pues la pena es sentir lástima por otra persona. Lo cual no tiene ningún efecto pues la persona mira a otra en necesidad sin poder tomar ningún tipo de acción para remediar la situación pues no puede o quiere hacer nada al respecto. Mientras que, por otro lado, la compasión toma acción y se mueve a hacer lo que haya que hacer para remediar y solucionar la situación o como mínimo poder mitigar ese dolor o sufrimiento. Cristo por eso demuestra siempre misericordia que es la compasión pues siempre toma acción y se involucra en tu problema, sea el que sea, y te dice: "aquí estoy, ¿qué necesitas? Así que no calles lo que Dios ha hecho contigo. ¿Qué estas esperando para testificar? ¡Adelante!

Continúa la guerra espiritual

Siguiendo por esta línea recuerdo que en una ocasión en la madrugada sentimos a nuestro hijo menor que se quejaba y fuimos a su cuarto para ver lo que le ocurría. Estoy ocurrió en dos ocasiones. En la última ocasión decidí sentarme en su cama y comencé a orar. En ese momento siento como si algo debajo del colchón ("mattress") se estuviera moviendo. Era como un pedazo de madera tipo garrote curvo entrara y saliera debajo de mí. Al principio pensé que era un calambre o algo parecido. Pero me luego de un tiempo me doy cuenta de que no era así.

En ese momento cambié la tónica de mi oración, la intensidad y el propósito. Comencé a reprender a ese ente espiritual intruso que venía a interrumpir la tranquilidad de mi hogar sin permiso. Le indicaba que no podía estar en mi casa y que tenía que irse. Ese movimiento debajo de mí no terminaba así que seguí en esa batalla por espacio de media hora. Fue entonces que mi esposa me escuchó en esa oración y se unió a mi oración desde nuestra recamara. Fue cuando sentimos que esa presencia demoníaca se fue. Nuestra lucha no es contra carne ni sangre y este enemigo que tenemos no respeta quien tu eres o qué posición tu tengas en la iglesia. El viene a robar tu paz y tu tranquilidad y tenemos que echarlo fuera de nuestras vidas y de nuestras casas. Para que Dios more en nosotros y su paz nos cubra en todo momento.

"El Señor avisó que alguien nos visitaría"

Recuerdo una mañana que al levantarse mi esposa me dice: "anoche un personaje siniestro se paró al lado de mi cama para intimidarme, pero le dije: ¿sabes qué? a mí no me vas a intimidar, en paz me acostaré y asimismo dormiré porque sólo tú haces vivir confiado". Se viró para el otro lado y siguió durmiendo. Ella entendió que el Señor le estaba avisando de alguien nos vendría a visitar pronto y que esa persona estaba relacionada a las tinieblas.

Luego de eso unas semanas más tarde nos visitó una persona que vino acompañada por un familiar nuestro. Esta persona vino vestida como si fuera un ministro, con una camisa de clérigo y hablando por un tubo y siete llaves. De hecho, este joven nos contaba de las campañas que estaba celebrando como evangelista. En una trató de poner un disco compacto de música cristiana para escuchar un tema en particular, pero por alguna razón no la pudimos escuchar y desistimos de ello. Nos limitamos a escucharlo hablar y a observarlo. Luego un rato le invitamos a cenar y todos nos fuimos a la mesa del comedor. Allí este joven comenzó a decirme cosas que sólo yo sabía, que ni siquiera mi esposa sabía.

Fue entonces que levanté de la mesa y disimulamos que debíamos ir al baño como un pretexto sólo para orar y allí pedirle al Señor que me mostrara quién en realidad estaba hablando a través de él. Salimos y regresamos a la mesa nuevamente. En ese momento les pedí a todos que nos tomáramos de las manos e hiciéramos una oración. Dirigimos esta oración con mucha intensidad y mientras oraba el Señor nos dio una visión. Aún con mis ojos cerrados y en oración comencé a ver seres espirituales. Pudimos ver dos ángeles con ropas blancas con el pelo corto y ondulado color oro. Recuerdo que eran dos y estaba al lado de la nevera. Uno de ellos tenía una espada apuntando detrás del visitante. En esos momentos en la visión comienzo a ver dos personajes detrás de este caballero. Uno tenía apariencia de un jefe indio americano con todas las plumas que le caracterizan y otro era un indio con dos rabitos a los lados de la cabeza. Dando la impresión como de que uno de ellos era un demonio de mayor jerarquía y poder que el otro. Fue cuando detuve la oración y le dije a aquel visitante: "el Señor me muestra detrás de ti a dos demonios y se los describí con lujo de detales. Además, le dijimos: "estos son dos demonios que oprimen y atan tu mente, y no te dan paz, y tienes que liberarte de ellos". Este hombre abrió sus ojos más grandes los ojos de una vaca. Se quedó boquiabierto y de inmediato me dice: "Wao, a la verdad que Dios es grande. Yo hice pacto con esos dos demonios que el Señor te acaba de mostrar". Este me dijo hasta el nombre de cada uno de ellos. Ahí yo me impacté, pues me pronunció sus nombres.

Esto dio base para que él se abriera y nos contara de sus vivencias en ese mundo de las tinieblas y de cómo entró al oscurantismo y la vida satánica. Este narró que había entrado en su adolescencia a ese mundo porque le pidió al Señor que sanara a una abuelita que él quería mucho y Dios no le contestó y murió. Esto lo llevó a una crisis de fe de tal magnitud que entonces se fue al otro lado. Ingresó al mundo del satanismo. Nos contó de que en Puerto Rico se celebraban cultos satánicos en los montes y lugares solitarios de esta tierra. Que se sacrificaban vidas humanas recién nacidas de madres que no registraban en ningún lugar sus embarazos para luego sacrificarlos al enemigo. También nos relató de como en el capitolio se hacían sacrificios con animales y que en este mundo había grandes figuras de la alta sociedad y de gran prominencia dentro del gobierno de Puerto Rico como los son los políticos y algunos miembros de la judicatura del país. Nos habló del Yunque y áreas montañosas del oeste de la isla. Fue algo impresionante lo que Dios nos permitió conocer al revelar la situación espiritual de un joven que a todas luces tenía la apariencia de un ministro, al menos, en la forma que llegó vestido a mi casa. Pienso que lo hizo como una manera de engañarnos, pero no imaginó que ya el Espíritu Santo había revelado y mostrado de su visita y de su condición espiritual, que era una, de atadura mental y espiritual por un pacto que había hecho con las tinieblas.

Quiero que sepas que esta persona no estaba liberada de esas fuerzas y visitaba iglesias en donde le daban participación como evangelista. ¿Qué terrible?, un lobo vestido de oveja! que se colaba entre el rebaño. Esto no termina aún, este personaje, indicó que estos se introducían en las iglesias para destruirlas. Además de que nos relataron, una persona de confianza y que luego que nos había visitado a nuestra casa que una noche en una especie de círculo de oración, este comenzó a hablar en unas lenguas que eran extrañas y la persona que estaba orando con él en una sala se asustó. La persona nos narró que este comenzó a caminar en cuatro piernas con su vientre hacia el techo, como si este fuera una mesa. La persona que lo acompañaba tomó una biblia ante ese fenómeno de transe y posesión demoníaca y comenzó a leer la sagrada

Escritura pero este (visitante) la interrumpió y comenzó este a decir la palabra, verso por verso, cuando este se encontraba a unos 10 pies de distancia de donde se estaba leyendo la Palabra la otra persona que se encontraba con él. ¡Impresionante! no tan sólo eso, sino que con una voz cambiada le dice: "yo estuve ahí cuando se escribió esa escritura". Ya sabemos quién estaba hablando a través de este visitante que el Señor le había mostrado a mi esposa semanas antes de llegar a nuestra casa.

De este testimonio podemos aprender que la iglesia tiene que tener los dones del Espíritu Santo para darse cuenta de quién viene a la iglesia y más que nada si es un lobo o es una oveja. También que hay personas que han hecho unos pactos satánicos tan fuertes, pactos de sangre, que si esta persona no mantiene una vida de comunión profunda con el Señor estos demonios pueden regresar a la casa que ya había sido limpiada por el Señor.

Todavía no es tu tiempo regresa

Aunque este testimonio no es una experiencia propia deseo relatarlo porque fue una persona que trabajó conmigo y que se acercó a relatarme una experiencia brutal con su hija en una sala de operaciones. De hecho, ella se acerca a mí a contármela porque según así lo indica es porque sabía que yo era una persona creyente que no la iba a tildar de desajustada y que en simples palabras entendería lo que ocurrió en dicha sala de operaciones en donde su hija estuvo. Me mostró evidencia de los papeles del hospital y las horas que su hija estuvo en dicho procedimiento. Por lo que a mi entender era una experiencia verídica y corroborable.

Bien, esta excompañera me comienza el relato diciendo que su hija iba a someterse a una operación en la cual iban a aprovechar para esterilizarla. Resulta que en la primera operación no hubo ningún problema pero que en la segunda el cirujano comete un error y corta sin querer una arteria. Es ahí cuando comienza el corre y corre de este médico y comienza a llamar a distintos médicos. Esto para ver quien estaba disponible en esos momentos para atender esta emergencia pues no era experto en cuanto a vasos sanguíneos se refiere. En ese momento llamó a varios médicos y ninguno podía asistirlo en esos instantes. No es sino a lo último que logra conseguir a un médico cirujano de corazón que precisamente se encontraba también operando a su paciente y que le indica que tan pronto estabilice su paciente va para allá corriendo.

Mientras tanto el personal que está con él en sala de operaciones comenzaron a decir, "doctor, doctor se nos va" esto lo puso en mayor grado de ansiedad y ese mismo personal se tiró de rodillas a clamar a Dios por la vida de esta paciente pues se estaba muriendo. La paciente indica que ella a pesar de estar bajo los efectos de la anestesia comienza a sentir que se estaba saliendo de su cuerpo y que finalmente se sale y siente que estaba flotando en el techo y veía su cuerpo en la camilla. De momento ya no se ve flotando si no que caminando por un camino y alejándose de su cuerpo en esa sala de operaciones. Es cuando sigue alejándose y de pronto comienza a ver a un personaje que viene caminando hacia ella. Este personaje tenía un rostro tan brillante que ella no podía descifrar su rostro. Ella entendía que era Jesús y le dice con mucha angustia, "Señor y mis dos hijos, ¿quién va a cuidar de ellos? Fue cuando oyó que le dijo: "no te preocupes, todavía no es tu tiempo, regresa". Ahí volvió a su cuerpo a sala y se vio acostada en la cama de sala de operaciones y el médico cirujano de corazón terminando de operarla pues el otro médico estaba hecho un saco de nervios y este lo sustituyó. Gracias a Dios la muchacha sobrevivió esta operación. Le pregunté a esta compañera si luego de una experiencia como esta estaba asistiendo a alguna iglesia. A lo que me indicó que no. Parece increíble, pero hay muchas personas que no se dan cuenta del valor de una experiencia como la que le acabo de narrar en donde tu casi chocas con la muerte y no haces nada con la oportunidad que Dios le da de vida.

Es por eso que debemos predicar a las vidas que no conocen a Dios y no han tenido la experiencia de la salvación.

"Los labios son para besar"

Esta fue la frase que me dijo un hombre que estaba en sus últimos días de vida. Cuando le indicaba que si tenía problemas para escucharme que por favor leyera mis labios. Para mí fue increíble de que este señor sabiendo que le quedaban pocos días de vida aún tuviera ese gran sentido del humor. La historia comenzó cuando Una compañera de trabajo me indica que si yo le podía hacer un favor. Esto ocurrió en un apartamento en el área del Condado en San Juan. Le preguntamos cual era ese favor y me indica que era que su papá estaba muriendo de un cáncer terminal en sus pulmones y a él le gustaba la música, pero en especial, las danzas. Yo le indiqué que la única danza que yo sabía era el salmo 121 que si no tenía problema con eso que yo podía ir a tocarle esa música.

Yo no conocía a este caballero, de hecho, nunca lo había visto. Este tenía 86 años de edad y cuando lo vi no aparentaba dicha edad. Bueno pues nos fuimos todos en un mismo auto porque no había muchos estacionamientos ya que era un complejo de apartamentos en un área exclusiva de San Juan, Puerto Rico. Muy cerca de la playa o la costa norte y frente al océano atlántico. Una vista espectacular desde su apartamento. Luego que llegamos su hija me presentó a su papá, este estaba conectado a una botella de oxígeno a través de unas manguitas que entraban por su nariz.

Recuerdo que me senté frente a él y comencé a tocar y cantar con mi guitarra el salmo 121, "Alzaré mis ojos a los montes ¿de dónde vendrá mi socorro? Al ritmo de una danza como me indicaron que el deseaba. Una vez terminé de cantarle el himno le presenté el plan de salvación y le pregunté que si aceptaba al Señor como su único y exclusivo salvador. Este nos sorprendió pues sin ningún titubeo, dijo que sí y aceptó al Señor Jesucristo como su único y exclusivo Salvador. ¡Gloria a Dios!

Su propia hija me dijo en un aparte que se había sorprendido de cómo él lo había aceptado y más aún de su mamá que era una católica que no toleraba a los evangélicos. Así es Dios y como yo no sabía nada me tiré sin pensarlo dos veces. Obtuvimos una gran victoria ese día pues esa vida aceptó públicamente al Señor. Suficiente para que esté en las moradas con el Padre. Este murió unos días después de eso. Yo no fui a perder el tiempo a aquel hogar, de hecho, no podemos perder el tiempo cuando Dios nos abre una oportunidad como esa mis hermanos.

"Yo no voy a mentir, Dios suplirá"

Aproximadamente para el verano del 2011 recibo la noticia de que mi hijo Cristian no cualificaba para las becas que cubren los estudios universitarios porque mi esposa y yo trabajamos y no cualificábamos por los ingresos que recibíamos. Así que tendría que pagar todos los gastos de matrícula, cuotas, libros, gasolina, transportación, comidas y todos los gastos que tiene un universitario serían de nuestro bolsillo. Bueno, en ese momento algunos nos aconsejaban emanciparlo. La emancipación es una manera para que los niños se hagan legalmente adultos antes de cumplir 18 años de edad. Una vez que un niño esté emancipado, sus padres ya no tendrán custodia ni control sobre ellos. En general la emancipación es permanente. Esto se hace para que el menor pueda entre otras cosas cualificar para estas ayudas ya que no contaría con los recursos de sus padres para poder costear sus estudios.

Mi esposa y yo no aceptamos esa recomendación de un a manera categórica. Pues, aunque algo pueda ser legal, a veces puede encerrar una mentira y los cristianos no mentimos, y menos para obtener algún beneficio del Estado. De hecho, una de mis hermanas le preguntó a mi esposa que íbamos a hacer con esta situación y la respuesta de mi esposa no se hizo esperar. Se puso de en pie en la acera y le lanzó dos besos a Dios y le dijo: "yo no sé pero Dios suplirá".

En mi caso yo me metí al cuarto de guerra espiritual (War Room), en mi pequeño guardarropa (walk in closet). Me postré allí en el piso e hice una corta oración. "Señor, yo no sé, de dónde, pero Tú suplirás". Me levanté y me sequé las lágrimas y salí del cuarto. Al otro día en mi trabajo me entró un correo electrónico de una página de veteranos indicándome que yo como veterano podía obtener maestrías y doctorados pagados por el Veteranos. Le dije al "Señor, recuerda que no es para mí Padre, es para mi hijo". El Padre me indicó que llamara a la Oficina del Procurador del Veterano de Puerto Rico y verificara si allí me podrían ayudar.

Tan pronto como llamo le explico y del otro lado me dicen: "no se preocupe la ley 203 del 2007 le cubre los estudios de su hijo en un 50% tanto en lo que es matrícula, libros y cuotas". Esto fue impactante y llamé de inmediato a mi esposa y le conté lo sucedido. Los dos comenzamos a llorar de alegría y le dimos gracias a Dios pues nosotros no sabíamos que teníamos esa ayuda.

La enseñanza aquí es que le seamos fiel a los principios del Señor y no adoptemos las recomendaciones que nos hacen personas, quizás no mal intencionadas, pero no honran el testimonio de lo que debe ser una vida cristiana. Dios suplirá tu necesidad de la manera que Él sabe hacer, confía y prueba a Dios, de cierto, no te fallará.

Capítulo VI

Experiencias en el patio

Las enseñanzas de un hormiguero

A veces pensamos que Dios no tiene sentido del humor, pero creo nos equivocamos, pues dime entonces… ¿quién inventó la risa? Sabrá sólo Él cuantas veces se ríe de las boberías que hacemos y de las oraciones que le hacemos,¿verdad?.. Pues creo que sí tiene que tener un gran sentido del humor y se mueve en las cosas santas y sagradas, pero también nos permite experiencias en que nos hace reflexionar y meditar, pero además nos hace reír al recordarlas. Pues porque nos deja ver que nosotros a veces jugamos a ser un ser poderoso y somos a veces más frágiles que las hormigas.

Es precisamente de mi experiencia con las hormiguitas en mi patio que te quiero hablar. Esto fue un sábado mientras recortaba mi patio en la parte de atrás lateral izquierdo del solar. Justo cerca de la casita de las herramientas. De repente, me topé con una gran montañita que resultó ser un hormiguero. Al verlo me dije: "bueno como no sé si está vacío o lleno pues lo voy a dejar quietecito y voy a recortar todo el resto del patio, y cuando ya haya terminado todo entonces regreso y trabajo con esto al final". Así lo hicimos y cortamos todo el patio y regresamos a bregar con esa gran montañita que era un nido de hormigas bravas de esas que llaman "fire ants" en inglés.

Lo que me faltaba era confirmar si en efecto este hormiguero estaba abandonado o todavía estaba vivito y coleando. Por lo que comencé con un sofisticado trabajo de inteligencia, tipo la C.I.A. o tipo Charles Holmes, y procedí a alborotar el hormiguero. La respuesta de estas no se hizo esperar y salieron de inmediato a la superficie como un ejército bien organizado y a dar el todo por el todo. Me parecía ver a un ejército de caballería con un capitán tocando la trompeta de: "listos para el ataque y como diciéndome, aléjate todavía estas a tiempo". Fue cuando me dije: "¿en serio que me están amenazando e intimidando en mi propio patio?". ¡Oh, no! ya van a ver quién es Eliú Colón y a su nombre! ... ¡Gloria! Me acordé del viejo adagio popular que dice ... vamos a ver de qué correa sale más cuero". ¡Alábale si puedes! Así que me fui a buscar artillería pesada, fui a buscar mi tanque de guerra, mi máquina de podar. Nada, halé el cordón y encendí mi máquina con el orgullo de un General de cuatro estrellas. Así que sin ninguna compasión le pasé la máquina por encima al hormiguero hasta dejar el volcancito plano como un piso. Pensé de manera equivocada que ya lo que restaba era celebrar la gran victoria sobre el terrible hormiguero invasor. ¡Jum!, para mi sorpresa tal parece que desperté un terrible enjambre mayor, aquello se convertía en una invasión intolerable. Era el momento para sacar mi arma secreta con hélice de alta velocidad y de doble hilos plásticos. ¿Cuál otra arma sino que mi poderoso "trimmer"?, gloria a Dios! ¡quítate enemigo de mi camino! Aleluya!. Ese fue mi grito de guerra. Así que como un caballero medieval o de un Don Quijote de la Mancha me abalancé nuevamente y sin ninguna piedad, sobre tan numeroso y peligroso enemigo, la consigna era o todo o nada!.

Fue un choque de Titanes pues los dos íbamos con la misma intención y la misma intensidad. Vencer al enemigo, ¡a la victoria!… Luego de todo este melodrama medieval y militar me encontré bien perdido, en mi propio patio, por un enemigo que era millones de veces más pequeño que yo, pues lo que había hecho era dispersar a todo el hormiguero a mi derredor permitiéndole que tuviera totalmente acorralado y rodeado; cosa que ocurre, por mi propia culpa, por subestimarlo, por no tener un plan real de conocer con quien trataba; yo mismo lo había sacado de su hábitat y de sus fronteras, ya no estaba encapsulado en aquel pequeño volcán, sino que estaba en mi alrededor y dentro de mis zapatos, en toda mi ropa y me estaba picando sin piedad. Por lo que tuve que irme en retirada de inmediato y corriendo despavorido pues tendría que quitarme los zapatos y la ropa, lo antes posible, ante tal voraz ataque despiadado.

Cuando me quitaba los zapatos y la ropa comencé a ver esta experiencia desde otra óptica. Comencé a ver los atributos de un hormiguero y la inteligencia de las hormigas. Me di cuenta de que hay cosas que deberíamos imitar o aprender de ellas, como iglesia y como cuerpo de Cristo. Empecé a ver la unidad de estas, su organización, su entrega, su valentía, no vi a ninguna decirle a la otra, ¿sabes qué? "yo estoy muy joven para morir, sal tu primero y yo me quedo dentro del hormiguero, y si pereces, entonces, yo salgo a fuera o ¿sabes qué? mejor me entierro dentro de este hormiguero o busco otra salida y me voy a otro patio más seguro en donde nadie me venga a atacar". Todo lo contrario, vi como todas salieron unidas a defender su espacio, su fe, en lo que ellas creen, mi vida esta disponible cuando me necesiten en el hormiguero. "Vivimos todas o morimos todas, no importa las consecuencias seguiré hacia el frente, no importa cuan dolorosa sea mi muerte pelearé hasta el final".

No se te parece esto a la iglesia de los primeros siglos, eran echados al Coliseo Romano, ellos ante el Imperio más grande que haya existido en la antigüedad y sobre la faz de la tierra no retrocedieron, a pesar de lo dolorosa que fue su muerte, siendo descuartizados, comidos vivos por fieras mientras ese estadio gritaba como si fuera un concierto de música en nuestros días. No retrocedieron. Una entrega incondicional al servicio del evangelio. Se sentían dichosos de padecer los padecimientos que sufrió su Maestro. Me fui en un viaje imaginario convirtiendo mi experiencia en mi patio trasero como en una fábula en donde le el Señor me puso a mirar las enseñanzas de estos milenarios insectos.

Esto me lleva a otro pensamiento que he escuchado que dice: "Jesús vino a enseñarnos a morir" yo pienso todo lo contrario, Jesús vino a enseñarnos a cómo vivir. Nos vino a enseñar lo que es el amor sin reservas. Pues por amor vino a morir, por amor toleró el sufrimiento, el dolor, la burla y la mofa, una cruz, una corona de espinas, golpes, injusticia y desprecio. Nadie puede tolerar todo eso sin poseer un amor infinito. Gracias Jesús por tu indescriptible amor.

El "trimmer" que se aceleró sólo

Otro día tuve otra experiencia inolvidable en el patio. Esta vez pasando específicamente un "trimmer". Tengo por costumbre, lo más que puedo, orar en todo momento, no importando lo que esté haciendo. Ese día no fue la excepción. Así que mientras pasaba el patio con dicho aparato noté que este estaba vago. Casi sin fuerza, pero continué orando y de repente sentí que bajó una bendición y comencé a hablar en otras lenguas con "trimmer" en manos. Para mi sorpresa este aparato se aceleró como si estuviera recibiendo la misma energía que yo recibí en esos momentos. Esto para mí fue una sorpresa mayor porque luego que disminuyó la intensidad de la bendición recibida en aquel momento así también la de aquel aparato. Nunca más he vuelto a tener una experiencia de esta naturaleza. Esto es materia de estudio para un científico o para un "exegeta" pero para mí es un asunto que queda ya concluso. Dios nos sorprende en cosas que ni siquiera imaginamos.

Capítulo VII

Experiencias en la Salud

"tú no te vas a morir"

Para finales de febrero de 2018 estaba trabajando con una agencia federal debido al huracán María que nos azotó el 20 de septiembre de 2017. Eran largas horas de trabajo. Las primeras semanas eran 12 horas diarias y todos los días de la semana. Llegó un momento que comencé a sentir unos síntomas raros. Eran como especie de arritmias cardiacas. Cuando me levantaba de la silla o mesa de trabajo sentía unos vuelcos violentos. A pesar de ello continué trabajando. Pero uno de los sobrevivientes que atendí me aconsejó que fuera a evaluarme por un médico. No fue hasta el tercer día que continué con los síntomas que comencé a preocuparme seriamente del asunto. Ese día me levanté a trabajar a pesar de ello y un pensamiento negativo comenzó a chocar en mi mente una y otra vez. "yo creo que me voy a morir". Encendí mi auto y salí a mi trabajo hacia el pueblo de Naranjito pero aún yo estando muy cerca de mi casa escuché una voz que me dijo: "enciende, prende el radio en la estación 92.1 FM ahora mismo!". De inmediato obedecí a esa voz y estaba cantando un hombre que en su cántico me decía:" tú no te vas a morir, tú no te vas a morir..." ¡wao! gloria a Dios mis hermanos, comencé a llorar y a darle gracias al Señor porque de una manera Omnisciente el Señor me contestó y cayó aquella voz siniestra de las tinieblas que hablaba un destino que Dios no tenía para mí. Nuestro Dios se mete en todo, Él conoce todos nuestros pensamientos y dice que también tiene contado todos nuestros cabellos y ninguno de ellos perecerá. Fui al médico y luego de muchos análisis mi corazón estaba bien completamente y resultó en un problema de abnea del sueño leve que fue corregido. Gloria a mi Dios.

"Cuatro horas, 60% y no sabemos si sales caminando"

(el quirófano, mayo 2018)

Para mayo del 2018 fui referido al Centro Médico al mejor o al menos uno de los mejores Neurocirujanos de Puerto Rico. Esto se debió a que varios meses antes se me hizo una prueba con un M.R.I. o Magnetic Resonance Imaging, en español Imagen de Resonancia Magnética. En donde se reflejó un primero como que tenía una masa, luego se creía que se me había desprendido un disco y al final se comprobó que no eran ninguna de las anteriores. Es importante resaltar que la causa para hacerme estas pruebas se debió a que en una visita a un médico Fisiatra encontró que al golpear mi rodilla izquierda esta no reaccionó o sea no hubo una flexión como en la rodilla derecha. Este médico del Hospital Militar llegó a creer que yo estaba controlando dicha reacción. Se dio cuenta de que eso no era posible y me refirió entonces a esas pruebas de Resonancia Magnética. Luego de esas pruebas el hospital entendió que no podían trabajar con un caso complicado como era el mío entonces me refieren al área de Neurocirugía del hospital para darme un CD (Compac Disc) o disco compacto en donde había un video de la prueba de resonancia con todos los detalles para que el médico en Ciencias Médicas las viera y me hiciera un diagnóstico y evaluación de mi caso. Cabe señalar que en ese disco compacto, las imágenes reflejaban que lo que estaba afectando mi columna vertebral estaba erosionando una de mis vertebras pero no me dieron ningún detalle. Así que fuimos al Neurocirujano y le llevamos este cd y los documentos que me dieron del hospital militar.

Ya en su oficina este tomó el sobre y se fue con el cd para verlo en su computadora. Luego de unos minutos este regreso a la oficina para darme una noticia muy impactante. Me dijo lo que tu tienes en tu espalda baja es una mal formación arteriovenosa y tú naciste con ella. Hay que operarte lo antes posible y me dijo en una semana entramos a sala de operaciones. Este médico no me dio tiempo para digerir la mala noticia y tampoco para yo decidir si quería o no entrar a dicha operación. Le pregunté, "¿qué sucede si no me opero? Este sin ningún miramiento y sin pestañar me contestó de manera clara y escueta, "pues te quedas parapléjico" en otras palabras paralítico. No bien había salido de mi asombro me arrojó otro balde de agua fría. A lo que contesté, "bueno si es así no hay problema cuando es la operación". Fue una experiencia muy fuerte.

Finalmente llegó el día de la operación y entré al quirófano y no me pusieron anestesia, lo que me permitió escuchar la conversación de estos médicos. Esto parecía como si yo fuera un vehículo que uno lleva al taller de mecánica y lo suben a un pino y comienzan a cotejar los daños y/o problemas mecánicos. Bueno una vez terminan pensé que ya salía de allí y se acabó todo. Pero pasé un gran susto pues cuando me sacaron el catéter de la arteria de mi pierna derecha comencé a tener una hemorragia que no se detenía y sentí cuando los médicos y el personal médico asistente me apretaban la pierna a tal nivel que comencé a quejarme del dolor. Fue cuando me dicen, "aguanta por que estas teniendo un sangrado que no quiere detenerse". Unos instantes después se logró detener dicho sangrado y me vendaron y me prepararon para ir a la habitación. Antes de salir de allí me indicaron que sólo había sido un procedimiento tipo exploratoria ya que no sabían lo complejo de mi caso y aprovecharon para hacer un inventario de los materiales que necesitaban para hacerme una segunda intervención en las próximas dos semanas. Me cuenta mi esposa que la cara de los médicos no lucía muy bien. Mi caso era uno complicado y difícil. Así que salí de allí con más incertidumbre de la que había llegado.

Esas dos semanas siguientes fueron de mucha preocupación y cierto grado de angustia por la mala experiencia en la primera intervención y el susto que pasé de que por poco me desangro. Aprendí a confiar en Dios día a día y a disfrutar de cada día como si fuera el último hasta esa segunda operación.

Finalmente llegó ese día y antes de entrar a sala de operaciones se me hicieron las advertencias de rigor o más bien los posibles riesgos que conllevaría esa intervención. Así que se me acercó un médico del grupo o "staff" y me dice, "bueno tenemos que decirle que la operación durará cuatros (4) horas, estimamos un 60% de posibilidades de éxito y no aseguramos que salga caminando de sala". ¡Santo Cristo! Este cuadro era pésimo y deprimente, mi esposa y yo nos miramos ante aquel escenario tan difícil y mi esposa se dirige al médico y le pregunta, !oiga ! ... ¿y si mi esposo no se opera?, ¿qué sucedería? a lo que de inmediato el médico contestó, "pues en algún momento esas arterias colapsarán y quedará paralítico". ¡Ay, Santo! Demás está decir que una tristeza de apoderó de mi esposa y de mí, creo que ha sido uno de los momentos más difíciles para nuestra vida como matrimonio.

Me encomendé al Señor y me entregué a su voluntad y entré a sala con la preocupación de si volvería a ver a mi esposa otra vez. Mi esposa se quedó en una salita afuera de la sala de operaciones y le dijeron, "señora puede irse a comer o hacer algo porque esto va para largo", a lo que mi esposa le contesta, "no, de aquí yo no me muevo hasta que vea a mi esposo salir de esa sala." ¡Wao!, que afortunado soy en tener a mi Brenda! Una guerrera, una mujer excepcional. En estos momentos hubiéramos querido haber tenido a un Líder espiritual que nos diera apoyo para enfrentar este gran desafío. Pero quiero decirte que cuando nos sentimos así es cuando Dios nos muestra su poder y hace portentos y milagros increíbles. Aquí fue cuando nuestro Dios se lució y nos mostró su misericordia y poder al meterse en aquel quirófano y tomar las manos de los médicos y quedó evidenciado que para nada estábamos solos pues los resultados evidenciaron fuera de toda duda que estuvo en sala conmigo. Mira, en vez de cuatro horas en sala, como se nos había indicado por el grupo médico, la operación de manera milagrosa terminó en sólo cuarenta minutos. Esto implica que la operación sólo se tardó un 16% de lo estipulado o sea se tardó 1/6 parte del tiempo pronosticado. No tan sólo eso, sino que de un 60% de posibilidad de lograr exitosamente la operación el Señor Jesús la llevó al 100%, gloria a Dios! y como si esto fuera poco, nada que ver con el pronóstico de una silla de ruedas, estoy caminando como siempre. Alabado sea su santo y bendito nombre ¡aleluya!. El Neurocirujano salió más contento que yo pues la operación era una muy complicada, tan así, que mi esposa me relata, que cuando se me hizo la exploratoria, el doctor y todo su "staff" salieron con unos rostros muy desencajados de lo que allí estos vieron y de lo difícil que sería esta operación. Mientras que ahora salían con unos rostros jubilosos, llenos de alegría porque la operación había sido todo un éxito, aleluya, Dios es bueno !.

Moraleja nunca estuve sólo con mi esposa, nunca Dios me abandonó, este momento tan amargo se acababa de convertir en un testimonio poderoso de la gloria de Dios. Como dice el salmo 30:11-12 Reina-Valera 1960 (RVR1960):

11 Has cambiado mi lamento en baile; Desataste mi cilicio, y me ceñiste de alegría.

12 Por tanto, a ti cantaré, gloria mía, y no estaré callado. Jehová Dios mío, te alabaré para siempre.

Por eso le cantamos y le adoramos y le decimos heme aquí Padre para lo que tú quieras. ¡Aleluya!

Conclusión

Todos estos testimonios son fieles y verdaderos. Son las experiencias que hemos tenido con el Señor junto con mi esposa. Experiencias que Él nos las permite, Él, para mostrarnos su tierno amor y misericordia. Para que las testifiquemos y demos gloria y honor a El quien es quien único lo merece. Aprendemos que los momentos difíciles en nuestra vida se pueden transformar en momentos de testimonios gloriosos ya que si estos momentos ordinarios los usamos para orar y comunicarnos con El. Ese ruego y momento de incertidumbre, ansiedad y de temor se convertirá en uno de testimonio de poder y ver su gloria. Pues nos damos cuenta de cuán cerca Él estuvo y creímos que estaba en otra galaxia.

Dios no es un Dios que se esconde de nosotros sus criaturas. De hecho, todos podemos experimentar que a pesar de nuestras debilidades el Señor está dispuesto a mostrarnos sus secretos si le buscamos con intensidad e intencionalidad. Pero, que quede claro, que no somos nosotros, sino que es El quien decide manifestarse a nuestras vidas con propósito y sobre todo para su gloria y su honra. Pues Dios no comparte su gloria con nadie y punto.

La Biblia nos relata de unos jóvenes que Dios le permitió que entraran en un horno de fuego. Ante nuestra mente racional esto parecería un abandono. Sin embargo, cuando le hemos servido podemos comprender que Él nunca prometió que no sufriríamos sino que El estaría con nosotros hasta el fin del mundo.

Tú también puedes tener estas experiencias con el Señor y aún mayores porque todo depende de tu búsqueda y de tu pasión por El. Sentir su abrazo cada mañana en medio de una congestión vehicular o como le decimos los "boricuas", un tapón, es algo maravilloso. Sentir que tu auto se llena de una atmósfera de Dios es algo espectacular. Aprovecha tu tiempo ordinario hablando con Él y ese tiempo dejará de ser ordinario para convertirse en un tiempo extraordinario. Dios te sorprenderá con cada experiencia que será nueva cada día y no es tan sólo eso, sino que tu vida se convertirá en una vida llena de frutos y de sombra. En donde vendrán los sedientos y hambrientos y los llevaremos a recostarse de sus ramas y raíces para buscar sombra y alimento espiritual quien otro si no de Jesús. Tu vida se llenará de propósitos eternos y de hambre del Señor pues tendremos que acercarnos más y más a la fuente, que es Cristo Jesús, pues no hay otra forma si no es buscándole a Él. Pues sin El nada podemos hacer.

Made in the USA
Middletown, DE
25 April 2023